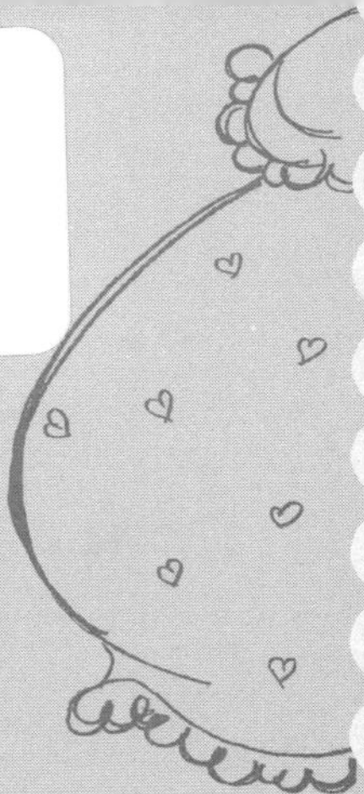

没经验准妈妈研究“生”笔记

牵牛妈 著

辽宁教育出版社

图书在版编目(CIP)数据

没经验准妈妈研究“生”笔记 / 牵牛妈著. —沈阳：辽宁教育出版社，2011.5
ISBN 978-7-5382-9272-5

Ⅰ.①没… Ⅱ.①牵… Ⅲ.①妊娠期—妇幼保健—基本知识 ②产褥期—妇幼保健—基本知识 ③婴幼儿—哺育—基本知识 Ⅳ.①R715.3②TS976.31

中国版本图书馆CIP数据核字（2011）第091062号

辽宁教育出版社出版、发行
（沈阳市和平区十一纬路25号 邮政编码110003）
北京嘉业印刷厂印刷

开本：880毫米×1230毫米 1/32 字数：120千字 印张：8	
2011年7月第1版	2011年7月第1次印刷
责任编辑：王俊	责任校对：刘 瑮
封面设计：门乃婷工作室	版式设计：刘碧微

ISBN 978-7-5382-9272-5
定价：36.80元

目录

PART 1 孕早期0-3月

关键词

验孕试纸/孕早期尿频/出血，见红/孕期用药安全/叶酸/孕前检查/TORCH检查/ABO溶血检查/TCT宫颈防癌筛查/基础体温

PART 2 孕中期4-7月

关键词

孕期食物"黑名单"/妊娠期糖尿病/孕期情绪/孕期体重增长标准/孕期合理膳食结构/化妆/隐形眼镜

我的研究"生"笔记——孕中期

PART 3 孕晚期8-10月

关键词

妊娠纹/B超/贫血/生男生女/孕期失眠/脐带绕颈/尿频尿急/妊娠期水肿/产假

PART 4 生 产

我的研究“生”笔记——生产

关键词

生产时的便意/侧切/生产费用/开指/顺产产程/顺产和剖腹产/产后体力/产后○○××

PART 5 产后

关键词
孩子满月/婆媳/星座星盘/坐月子/新生儿体表特征/母乳喂养/产后抑郁

我的研究"生"笔记——产后

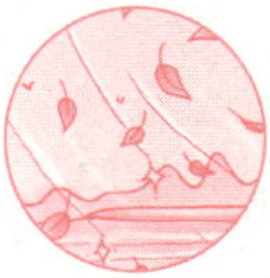

附 录

前言

我从未想过自己第一本正式出版的“专著”会是一部关于生娃的手记，而不是堆在电脑文件夹里寂寞得快要生灰的散文日志。我一直以为我在那些方面更有天赋些，比如写一本悱恻缠绵的爱情小说，集一本针砭时弊的杂文册子，攒一本口轻舌薄的文艺评论，甚至正儿八经地翻一本外文译著。在我二十余年所受教育的认知范畴内，上述种种才是上得了台面的东西，所以怎么可能会像街坊大妈一样，絮絮叨叨地向人现身说法“如何生娃”这等停留在生理层面上的心得体会？

刚怀孕那会，26岁未满，周围女孩多是和自己一样踌躇满志，一门心思地奔学业、奔事业、奔美貌、奔见识，正是“春风得意马蹄疾”的风华正茂，就算在父母那辈人结婚生子最平常的年岁，若非想要“母凭子贵”嫁入豪门的女子，哪有什么人会在刚刚收获爱情、开启事业的当口奔一个娃？

只是人生的变幻超乎想象，当我不得不剥离那些虚妄的文艺外壳，直面“怀孕生子”这个遥远得令人生畏的命题时，才意识到自己的空白与无知，就如同一位闭关多年自以为尽得绝技的武林人士，面对真正的格斗，才发现自己修炼多时的是一本假的内功秘籍。孕产知识之博深，令人高山仰止，于是，基于一种学习的本能和扫荡无知的迫切，我不得不在怀孕和产后忙碌的间隙，抽出大量时间潜心研究各类生产和育儿知识，心悦诚服地拜倒在各位资深妈妈的主妇裙下，随时随地掏出小本本认真记录弥漫着浓烈人间烟火气的偏方、食谱、产经等口诀心法。

终于一路踉跄走来，人前以一副近似中学生的稚嫩模样，跻身看似风光无限的“80后辣妈”队列，所收获的不仅是为自己为老公为父母为公婆赢得的艳羡目光，而且是孕育一个小生命所积累的细微而具体的常识。正如龙应台所说：“女权主义者，如果你不曾体验过生养的喜悦和痛苦，你究竟能告诉我些什么呢？”

的确，这个事关生儿育女的平常过程，是一份更为珍贵的财富，理应比那些沈博绝丽的文字更值被记录下来，因为它不仅见证了一个新生命的孕育过程，也见证了一个号称读书破万卷却对生育常识懵然无知的女孩儿的成长。当然，我也绝没有母爱膨胀到要刻意造出一本回忆录，温情脉脉地借某个生日或重要纪念日送给自己的小娃，让他深刻牢记为母的艰辛和成长的不易。“乳腺炎的血泪史”对一个尚不识油米酱醋的周岁小娃，又有何特别的教育作用？只要能以此书为契机，给即将接过繁衍重任的“孕友”们一个参考的实例，那么人后我曾发过的烧、流过的泪、徒增的焦虑、乱败的养娃成本、货比三家费掉的眼神，就统统不是白走的弯路和白缴的学费。

最后，感谢一如既往支持此书出版的编辑和读者朋友，感谢每个愿意给我机会分享生育经历的朋友，感谢所有信任我的准爸爸、准妈妈们，希望你们都能拥有一个快乐、平顺的孕育过程。

引 子

2009年的春天，牵牛妈和牵牛爸在首都国际机场相见，为长达大半年，由一张唱片购物清单、两张黑胶唱片引发的柏拉图式远距离恋爱画上完美句点。

这俩刚刚团聚才开始构建二人甜蜜小世界的热恋情侣，大概做梦都没想到一年后的春天，他们的两米大床上会躺着另一名重要睡客——牵牛。

这个神来之“Baby”在得名之前，一度被称为“牛魔王”。得此浑号，拜他火急火燎地赶在牛年尾巴出生，还因为他小人家确实“浑”得很，没跟任何人商量就搬进牵牛妈的肚里，肆意掠夺她的营养，挤压她的胃肠，搅得她七荤八素，把一个前途大好的80后知识女青年活生生地“摧残”成一个供奉魔王的培养皿。

我，就是那个悲惨的牵牛妈，江湖上空有“黄总”的名号。

沈先生，就是牵牛的爸爸，一失足成千古恨的文艺男青年。

PART 1

孕早期 0–3月

你的身体里有一团火

我脸上的痘痘在沈先生回国后，犹如雨后春笋般纷纷冒出，侵袭了脸部面积三分之一的领土。对于一个向来面部光洁，敢于素颜出门的待婚女来说，这简直是致命的打击。我将这些不寻常的身体变化，归咎于沈先生。若不是前几个月为了跟当时还未归国的他谈恋爱，我犯不着配合他的工作间隙，经常拨出晚上宝贵的睡眠时间，跨越时差来跟他联络感情。眼看着沈先生回国，我连续数月日夜颠倒的单身女青年生活作息也随即结束，自诩壮如牛的我偏偏就在即将成功“拐骗”到一位大好青年迈入婚姻殿堂的关键时刻累倒了，还莫名其妙长了一脸痘，真是煞风景。

沈先生倒不在意我那些“不影响总体美貌”的痘痘，他反而担心从前总像打了鸡血般活力过剩的我怎么在他回国不到一个月的时间，就出现头昏乏力、恶心反胃、嗜睡发晕等身体异常现象。

“肯定是严重缺觉引起的内分泌失调”——我斩钉截铁地给“重返青春”的痘子们下了判决书，十分自信自己多年在广东耳濡目染的养生之学。缺乏基本医学常识的我，坚信“男靠吃，女靠睡”，哪里会往怀孕那方面想。加上2009年北京的春天格外寒冷，很多人都因感冒倒下，大家以为“铁人黄”也未能幸免，我还十分狗血地形容自己是“用一场旷日持久的感冒，换一段千年修来的情缘”，殊不知这些类感冒的种种生理异常是一个小生命诞生的征兆，继续日夜班倒替照常，接翻译口译活若干，带沈先生回老家扫墓兼见家长，马不停蹄筹备新房等事项。

身体上的不适我都还能忍受，长痘痘我却完全接受不了，身为“面子俱乐部”的资深会员，每每发现又一颗又红又肿的大痘突袭脸部，总要鬼哭狼嚎一番。沈先生见我为“痘”消得人憔悴，驻足于镜子前长吁短叹，类感冒症状也久不见愈，特地找了一天，清晨三点去挂了某著名老中医的号。

该中医号称内分泌调养方面全国第一，门诊前挤满了慕名而来的妇

科疑难杂症患者。我和沈先生排了三小时队，终于得以一睹这位老中医仙风道骨的尊容，他瞅了我的痘痘一眼，就得出“你身体里有一团火”的终极结论，然后把了把脉，看了看我的舌头，开了点活血的药就把我们打发走了，总计不到三分钟。由于这位老先生实在太有范儿了，以至于他把脉时以比我亲爹妈还严厉的口吻劈头盖脸地指出我性格种种不足时，我还如坠云雾地大气不敢出一个，更别提质问他所指的性格不足跟我长痘有什么关系。

就这样，连自己得了什么病还没弄清，稀里糊涂地拎着药回了家。断断续续喝了三天药，头晕恶心乏力没有任何缓解的迹象，痘痘也没有丝毫消停的趋势，反而愈演愈烈。经常喝完药就吐，感觉特别对不住沈先生，他那么不辞辛苦地给我找大夫给我熬药，我几乎每次都抑制不住地“哗啦”一声，把咽下的中药全部吐掉。同时纳闷自己在水土湿热的广东长大，长期喝惯苦茶，怎么这次的药就这么难以下咽？

我当然没想到那“一团火”会是一团新生命，我的痘痘会跟怀孕挂上钩。想再“唱”几年逍遥二人转的我们一直小心谨慎，只有一次非安全措施作战，也都是在安全期内，心想就算是二十万分之一的“中奖率”，那位老中医也应该把脉把得出来。可渐渐，我和沈先生意识到问题的严重性，“不会有了吧”的念头时不时蹿进我们的日常对话当中。一向例假很准的我已经两周没有看到“好朋友”了，对安全期的满腔自信逐渐土崩瓦解，开始战战兢兢地查阅网上资料，比对自己的反应，陷入继长痘之后新一轮的焦虑当中。

安全期有点不靠谱儿

张大夫说

安全期避孕是指不用任何药物、工具或者手术的方法，顺应生理规律，识别处于月经周期的“易受孕期”或“非受孕期”，从而选择性生活日期，达到避孕的自然避孕方法。一般来说，排卵前后4～5天为易孕期，其余时间可视为安全期。

安全期避孕，以一名月经周期为28天的女性，月经来7天，再除去安全期11天，一个月里就只有10天可以有性生活，而这10天，又被女性排卵前后的11天的非安全期分割成零碎的前5天和后5天，11天里持续禁欲，对于性活跃的年轻人来说基本上是不可能完成的任务。

另外，月经不规律的姑娘的排卵期就更不靠谱了，排卵是个动摇派，受情绪、生活、性活动、健康状况以及外界环境等多重因素的干扰，时而还会加班加点，额外排卵，失败率高达20%，牛魔王就是典型的安全期不安全的小产物，要是不能做到像内心彪悍的牵牛妈那样，从容捞起顺水而来的牛魔王，你还会打安全期的小算盘吗?

如何判断是否怀孕

月经停止

这是一般人最常注意到的怀孕征兆，受激素影响，排卵被控制，月经也就停止，一般月经规律的适育女性在性行为后超过正常经期两周，就有可能是怀孕了，且过期时间越长，妊娠的可能性就越大。

我的月经相对而言比较规律，在例假推迟的七天左右买过早孕试纸，结果显示一条杠，没有怀孕。医院一般也是提供这种试纸来检测尿液中的HCG值，即人体绒毛膜促性腺激素的值，但不是所有怀孕女性排放HCG激素的速度和数量都相同，过早地做尿液测试，所呈现的阴性反应可能是错误的。所以，当我月经期推迟两周后去医院做验孕检查，试纸就明明白白呈阳性“已受孕”的结果。因此，最好选择在月经期迟来两周后再做怀孕自测，这样结果会可信些。另外，如果在晚间做怀孕自测，准确率也或多或少地受到影响，一般以晨尿最佳。

如果对试纸的测试抱有怀疑，那么医院还会建议你抽血检测HCG值，这比试纸的可信度要高一些。还有一种检孕方法是阴超，除非你有什么异常的怀孕表现，否则一般都不建议采取这种检测方法。

当然，并不是月经没有来就是怀孕了，如果精神受到较大压力，或是周围环境有所变化时都会引起月经迟来的现象。对于平常月经就不顺的女性，就更难以月经来潮与否作为怀孕的判断准则。所以怀孕与否最好要经过医学上的判断，最准确也最安全。

验孕试纸使用攻略

张大夫说

选择正规药房、正规厂家的产品；检查包装的密封是否完好，包装破损的试纸可能会因为受潮等原因失效；检查有效期；普通的验孕“条”更简单好用，更实惠，市价6~7块钱，比验孕“棒”的价钱便宜一半，原理和敏感度基本没有差别；晨尿中，宝宝分泌的HCG积累了一整夜，浓度更高，更容易出现红红的两道杠，帮助你早知真相；

精卵结合后7天，血清中就能检测出HCG，抽血化验基本上能够100%告诉您是否妊娠，但是费用是验尿的十倍左右，而且是要拿针管子抽血的，又痛又多花钱，不是所有孕妇都需要做。

时常感觉恶心·胃口变化

“David”黄，是沈先生给我取的英文别名，即大胃黄，集中体现了我极能吃、胃口好，不挑食的特点。但有了牵牛后，我的胃空间好像缩小了一个等量级，这小子好像一开始不是住在我的子宫里，而是住在我的胃里，让那地方腾不出一点空间存放食物，我好容易吃下去一点吧，又排山倒海般地吐出来，导致饭量直线下降，体重也在孕早期掉了四五斤。在本可以心安理得长胖的特殊时段，我却不增反减，真是“减不逢时”。此外，平日不在打胃嗝的路上就是胃胀气的途中，跟人说话也经常忍不住发出“咯”的一声，叫人情何以堪？偶尔冒出想吃的念头，还是我这个很南的南方人不怎么常吃的面条。因而不得不承认，大胃黄败北了，还在胎儿期的牵牛胜利了，他作为孕于斯，长于斯的北方人，偏爱吃面食，还“拉”着我一起吃。

皮肤的变化：乳头、乳晕、外阴部变黑，长痘或长斑

除了长斑，上述皮肤变化，我几乎全部中招，但不是每个怀孕的准妈妈都会遭遇我长痘且黑色素沉积的厄运，甚至很多准妈妈因为受荷尔蒙变化的缘故，气色和皮肤变得很好，这在怀女宝宝的准妈妈中特别常见（整个孕期饱受长痘之苦的人含泪羡慕孕期没有长痘的准妈妈们），似乎印证了老人们常说的“男丑娘、女美娘”。

容易疲倦

就是类似感冒和低烧的症状，特别容易感到疲倦，整天都无精打采，四肢犹如负重千斤，提不起劲。常常会想睡觉，好像永远睡不饱。

尿频和便秘

怀孕期间，有一同事问我：“总，最近你有什么建树？”答曰：“嗯……成为厕所之王算不算？”这种始于怀孕早期的症状可能会伴随整个孕程，并随着宝宝长大，对膀胱和直肠施加的额外压力增加而继续使情况恶化。关于这点，我可以负责任地告诉各位姐妹，大家无一幸免，不是在孕早期就是在孕晚期，所以各位准妈妈出门无论是上班还是

乘飞机，趁早找好靠近厕所的工位。

厕所之王，唯我独尊

张大夫说

妊娠前三个月出现尿频主要是因为增大的子宫向前压迫膀胱，膀胱本来收集来自两侧肾脏产生并且通过输尿管导流过来的尿液，收集到一定程度后才会产生尿意，通知主人去厕所。但是，增大的子宫向前挤压膀胱，膀胱只收集到一点点尿液，就膨胀不起来了，还以为装满了呢，就忙不迭地通知它的主人如厕，弄得主人好不尴尬。到了妊娠中期，子宫不断向上生长，超出盆腔，解除了对膀胱的压迫，尿频症状会有所缓解，到了怀孕晚期，胎头下降，再次压迫膀胱，这种情况会再次出现。

值得提醒大家注意的是，整个妊娠期，由于胎盘分泌了大量激素，导致肾盂、肾盏和输尿管都处于轻度扩张状态，蠕动也会减慢，有时反而会发生膀胱过度充盈忘了提醒主人排尿，或者排尿不完全，有残尿的情况，这就为细菌在泌尿系的繁殖创造了条件。所以，孕妇比正常人更容易发生急性泌尿系感染，大约7%的孕妇会受此牵连，严重的还可能会造成早产，败血症，甚至诱发急性肾功能衰竭。

所以，孕妇要养成多喝水，定期排尿，不憋尿的良好生活习惯。普通女性，如能做到这一点，并且在性生活后养成排尿一次的习惯，也会减少泌尿系感染的发生，受益终生。

乳房肿胀

很像月经来之前那段时间胸部疼痛的夸大版本，不过随着身体对荷尔蒙变化的适应，这种不适感会在怀孕进入中期后显著降低。

见红流血

受精卵着床发生在受精约6天后，这个时候大多数母体没有特别明显的反应，少数女性会出现一些红色或粉红色的血迹，这就叫做“着床出血”。这种出血很轻微，一般呈现为粉红色或红褐色的分泌物，并只持续一两天，也不是每个人都有的，所以不是明显的受孕现象。

牵牛妈现身说法

在怀孕40多天的时候，我发现过褐色的分泌物，当时不知道自己怀孕了，还沉浸在买不到飞机票和火车卧铺的焦虑当中，没有太在意此事，只以为是例假提前了，急着和沈先生回老家祭祖。由于祖坟偏远，道路崎岖难行，火车上一夜未眠的我还冒着细雨硬撑着完成所有仪式。现在想想，这些行为实在太无知太冒险了。刚刚“好孕”的准妈妈们，在3个月内应该特别注意休息，对怀孕期间的病理性出血保持警惕，如果发现任何出血症状，并且伴有剧烈疼痛，应立即去医院检查。

★ 孕妈妈专用词典：病理性出血 ★

病理性出血主要指以下几种情况：

先兆性流产：当底蜕膜出血，使胎盘和子宫壁分离，并刺激子宫，会使子宫收缩，子宫颈扩张，血液从子宫中流出。这种流血多伴有下腹疼痛，流血量由少到多，色由暗到红，腹痛由隐痛逐渐发展到较剧烈疼痛。

宫外孕：当受精卵发育到一定程度，会使输卵管壁发生破裂而出血。由于这种出血是流在腹腔内，经阴道流出血可能并不多。但这种出血往往会发生晕厥、休克等，救治不及时，可造成患者死亡。

葡萄胎：葡萄胎流产一般开始于闭经后的2～3个月。流血多为断断续续少量出血，但有的可能出现反复多次大量流血。

此外，像子宫颈息肉、子宫颈癌、前置或低置胎盘等，也可引起阴道出血。

牵牛妈友情提示

不过，各位准妈妈不必见“红”失措，只要确定不是病理性出血，是不会影响胎儿，也无须治疗的，只要平日注意休息和保持清洁即可，别动不动就把自己往宫外孕上挂靠，毕竟它的发病率在孕妇中仅为1%。

孕早期阴道出血

张大夫说

孕早期出血的原因很多，准妈妈们要做的，一是迈开腿去医院，二是全心全意配合医生。

从医疗角度讲，对于一部分阴道出血，或者很难用常理分析和解释原因的出血，医生会建议进行阴道检查。阴道检查并不像传说的那么可怕，就是用一个窥器撑开阴道，医生用专业的眼睛看清楚这血到底从何而来，有经验的医生轻柔的操作是不会碰到子宫和宝宝的，不会引起意外流产。

一个好的胚胎，就像树上的苹果，风吹雨淋，仍恣意茁壮成长。有问题的胚胎却像风中残烛，稍有风水草动，定便然熄灭。所以，不要担心检查会造成流产，把自己蒙在鼓里，一味地保胎，一旦漏诊了像宫外孕，葡萄胎或者宫颈癌这等事件，才是真正的人间悲剧。

情绪变化

小S和一群明星准妈在某期《康熙来了》节目中坦言，怀孕后，自己变得比以往更容易被触动和爱哭了，很容易就母爱泛滥，眼里含着泪。还有一姐妹跟我说，她怀孕那会，看流浪小孩会哭，看小猫小狗会哭，看别人家管教小孩也会哭，从一没心没肺的活宝彻底沦为林黛玉再世，还动不动对家里人发脾气。我说我除了月子里有点产后抑郁的症状外，倒也没有什么特别的情绪问题，只是“恰合时宜”地抓住了孕期荷尔蒙变化的生理事实，肆无忌惮地发挥了自己作为情绪化哺乳动物的女性特质，理直气壮地夺取了家庭最高话语权。言毕，我姐妹一阵眩晕，直言在孕妇界，没有最痞只有更痞。

妈妈，让我也玩一会儿吧！

我觉得准爸爸和准妈妈周围的亲友同事对准妈妈异常波动的情绪，应予以理解和关爱，因为她们在孕期经常受到生理和心理的双重夹击。

不过，准妈妈们也不能“恃孕而娇”，随时注意调控自己的情绪，勿要因自己过激的行为伤害了家庭和睦和肚子里的宝宝（具体可参见“如何调控孕期情绪：保持钢管粗的神经”）。

如何推算预产期

预产期公式：推算预产期是按整个妊娠期为280天来计算。具体的方法是：预产期月份＝末次月经第一天的月份+9或-3，预产期天数＝末次月经第一天的天数+7。

牵牛妈现身说法

例如，我的末次月经是在3月8日，则牵牛预产期的月份3+9＝12月，日期8+7＝15日，那么预产期应该是12月15日。如果末次月经是在4月以后，则采取减3的方法计算较为方便。

忍不住插播一句，牵牛的预产期和我的生日是同一天，感叹我们母子缘分之深外，也要赞叹一下这孩子在这方面的懂事和孝顺。小小年纪的他，为了凑足他娘涉足各大辣妈圈的年轻资本，硬是赶在了我26岁生日之前出来，真是孝感动天！

当然，以上方法适用于对末次月经日期记得清楚的孕妇，如果月经不准、闰月或来月经日期记不清时，可另作计算：孕妇以往月经周期都超过上次月经期，计算时要加上平均超过的日数，如有时超过5天，有时超过4天，有时超过6天，就要在算好的日数上加5天；如果遇到闰年，其闰月又正在孕期之中，计算时月份减3应改为减4；假如末次月经、妊娠呕吐和胎动开始日期都记不清时，还可按子宫底的高度估计或通过B超估量。但B超只是根据胎儿的大小大进行推算，最准确的推算预产期还是按照末次月经进行推算，而且按照国内医院正常产检程序，第一次B超的时间都安排在20周左右，那时候你都已经怀孕5个月了。

如果因为怀孕，以上预产期的算法让你头晕目眩，也不必担心。在医院建立围产期档案时，护士会督促你认真填完既定资料，帮你估算预产期。而且，所谓预产期也只是一个预测，绝大部分的小盆友都不会准时按照预计的那一天出世的。月经不准、胎儿成熟时间有所不同，孕妇身体状况以及其他外界原因等，都会影响孩子出生日期，但只要新生儿出生时比预产期提前或推后1～2周，都算正常分娩。

吃了药，能要不能要

在拿着各种化验单，咨询百八遍医生差点被赶出医院后，我才确定无凿地意识到自己的的确确是怀孕了。和沈先生一起去医院检查前，两人还拿出100块钱打赌对方绝对不是什么一击则中的繁衍高手，只见故作镇定的两人步入医院，愁云密布的两张脸耷拉着出来。

“这也太邪门了吧？”

沉闷了大半天，我实在找不到什么合适的语言为这个突如其来的“第三者”致欢迎词。要知道前几天晚上，我还为了向沈先生展示自己的小蛮腰，转了呼啦圈好几十圈。电视里不是老演，谁谁谁不小心撞了一下桌角就流产了，甚至大笑了几声孩子就没了，敢情呼啦圈也没把这娃给转出来，通宵火车硬座那般劳苦奔波也没把这娃给颠出来。

“要不要再检查检查？”

沈先生吐了口冷气，呆若木鸡地考虑下一步怎么办。什么激动地高呼：“老婆，我爱你！”什么热泪盈眶地抱着害喜的老婆转圈，什么趴在老婆尚且平坦的肚子，做聆听状还觉得有孩子在踢他欣喜若狂的情形，那都是幻觉，都是电视编剧们没有对现实生活进行调研的艺术创作。

“你前几天不是还吃了药，对小孩子会不会有影响？”理工科出身的沈先生很快意识到一个更加严峻的问题。

瞬间，我的脑子浮现了不少畸形小孩的可怕画面，几年前为周国平《妞妞》中婴孩早逝的痛心疾首再上心头，妞妞妈可不就是在孕早期不慎染了风寒，吃了药又照射了X光才导致了后面的一系列悲剧吗？

“那，这个孩子还能要吗？”一个月前还镇定自若地在人民大会堂抢发国家重大时事快讯的新一代女新闻工作者，此刻竟哆嗦出了眼泪。

“不知道，问医生吧。”心目中那个无所不知、无所不能的未来夫婿也失了主意。

说完，我们立马折回医院，又是挂号、又是排队，一顿折腾。

“如果你吃了减肥药或者紧急避孕药，我可以很明确告诉你，对胎儿有一定的致畸率。但你吃的那些中药，我不清楚成分，也不清楚用量和你的摄入量，实在给不了建议，你最好还是去问问给你开药的医生吧。”

接连，我又问了几个妇产大夫，他们也都是这个意思。眼看太阳就要落山，我和沈先生只能怀着惶恐不安的心情先回了家，找那张中药药方单子的始作俑者要无奈地等到明早了。

望着逼仄乱糟糟的居所，想起空荡荡还未有家电进驻的新居，脑里曾构想的健康壮硕的孩子，在洒满阳光的明亮大房间嬉戏玩耍的画面当时就像玻璃碎了一样，一块一块地扎进我尚不坚实的心脏，生疼生疼。

“你看，我们都没搬出去，他倒是搬进来了。”

没想到，我还残存了点革命乐观主义精神。一个人太孤单，三个人又太挤，我不需要一个活物来印证我又大了一岁，自由一去难倒回。是谁赐给了他这么大的权利，他又是奉了谁的指令闯入我和沈先生尚且可以青春肆虐的二人世界？来不及感慨，更禁不住担心，又上网查了查中药对孕期胎儿的影响，结果搜到这样一段：

“中药是复方药物，对于胎儿的影响不容易被察觉。某些中药，如红花、蒲黄、麝香、当归等具有兴奋子宫肌的作用，会引起子宫强烈收缩，导致宫内胎儿缺氧、发育不良或出现畸形，甚至引发流产、早产和死胎;大黄、大戟、芒硝、商陆、巴豆、芫花、牵牛子、甘遂等会刺激孕妇肠道，反射性地引起子宫强烈收缩，进而导致早产或流产；雄黄、朱砂对胎儿也有致畸作用……”

顿时，我有一种天旋地转的眩晕感，在那张药方当中仅存的几样我能看得明白的药材，就有活血的“当归”“枳实”，这些可都是相当容易引起流产的中草药材啊。我再也忍不住了，吓得“哇”的一声就哭了。

沈先生一看这阵仗，也慌了，忙不迭安慰我说：“你先别着急，明天去找那个大夫问问再说吧。”

“要是明天那个××大夫也说不出个所以然呢？还‘著名中医’、还‘全国首屈一指’咧？！他之前把脉也没把出来，还开了那么一堆乱七八糟不知道什么的药给我，根本就是庸医！”

“对不起……”

沈先生面对我的斥责，也没有什么法子，只能不断地把责任往自己身上揽，不停地跟我说抱歉，仿佛他就是那个学艺不精、十恶不赦的大庸医。

慢慢地，我也冷静下来。是谁说的，莫斯科不相信眼泪？一切只能怪自己。这位著名中医是我和沈先生听朋友介绍，然后一起决定去看的。当初也是沈先生担心我的身体，看我又长痘又头晕恶心什么的，才主动请缨大半夜地去帮我排队挂号。他是为了我好，还那么殷勤地帮我煎药、督促我吃药。怎晓得半路会杀出个娃，让我们这般担惊受怕。

是我自己很傻很天真，偏要相信什么安全期百分百安全、偏要诱骗沈先生无安全措施“作战”、偏要“痘”急乱投医、偏要相信什么中医权威，吃那些来路不明的中草药，要是腹中尚未成形的娃真出了什么问题，我也只能自作自受认了，就是可怜了沈先生，被我生生连累了。

也不知过了多久，两人都累了，只记得那个夜晚特别漫长，好容易睡下，却做着乱七八糟的梦：我梦见我的肚子胀成了气球，被沈先生一针刺破。“砰”的一声，炸出了一只长着像章鱼的怪物，张着血盆大口向我扑来；我还梦见我跑着跑着，突然变身成雅典娜，被一条巨蟒大蛇困在深深的海洋里，透不过气……

原谅我小时候看《圣斗士星矢》中毒太深，至于为什么会被蛇困住，而不是海王波塞冬，只能交给弗洛伊德来解释。我婆婆的说法是，怀孕的女人梦见大蛇是生儿子的征兆，关于这类生男生女的江湖传说实在太多太离奇，以后的篇章会具体详述，这里就不多展开了（具体可参见“生男生女的江湖传说”）。

终于熬到天明，翻身看看沈先生，也没什么睡意。我记得他上次这样表情凝重地背对着我，似睡非睡地躺了一夜是在刚回国没几天。这位好学上进、回到祖国大好河山打算一展功夫拳脚的有为青年，在我们深入探讨人生观、婚姻观乃至育儿观时，曾郑重表明：“事业尚未成功，生娃还嫌太早。”还说，如果真打算酝酿下一代，也要等他从两年间风餐露宿的驻外生活中缓过来，毕竟孕育健康优异的品种需要夫妻二人同样健康优异的体魄。

发表这些言论时，沈先生时值27周岁，和每个进入谈婚论嫁阶段的年轻人一样，真心实意地想要跟心爱的人组建一个家庭，但未必准备好跟一个娃组建家庭。况且他的理由合情合理，也正中我想再过几年逍遥二人世界的下怀。

唉，不过才短短一个月的时间，我俩竟已在怀上娃的当口。到了人生的此刻，感叹这些往昔又有什么用，还是赶紧穿戴整齐，带着药方和早孕证明，去找那个老中医问个明白吧。

孕妈妈专用词典

孕期用药安全提示

怀孕的前12周是胚胎期，这段时间是宝宝的主要器官分化发育期，对外界，特别是药物敏感，应特别注意。孕12周后称为胎儿期，器官进一步发育成熟，但脑部和泌尿系统的细胞仍处在继续分化状态，保持着对药物致畸因子的敏感性。因此，整个孕期的用药都应慎之又慎，为宝宝和自身母体都做好健康保障。如果已使用了某些药物，一定要告诉医生，听取医生的建议。

以下列举一些常用药物在孕期的使用，供准妈妈们参考：

青霉素类：较安全，是抗生素类首选药物。按推荐剂量使用，不可超量。

红霉素类：同类药还有利菌沙、罗红霉素、阿奇霉素等，分子量大，不易透过胎盘到达胎儿。青霉素过敏者可使用。衣原体、支原体感染首选药。对胃肠道有刺激作用，长时间或大量使用可使肝功能受损。

先锋霉素：目前资料无致畸作用记载，但不是所有先锋类的抗菌素都可应用于孕妇，比较适合的是先锋霉素V。

甲硝唑：杀虫剂，治疗滴虫感染，主张孕早期不用。除非有绝对的适应症，否则不要选用。

螺旋霉素：治疗弓形体感染，对胎儿无不良作用，但不能长期和超量使用。

驱虫药：对胎儿有致畸作用，应慎用。除非临床有绝对的适应症，非用不可，否则不宜使用。

地高辛：强心药，易透过胎盘，对胎儿无明显不良作用，心衰孕妇可使用。需要注意的是，强心药是一匹难以驾驭的烈马，有效剂量和中毒剂量非常接近。

β-受体阻断剂：有引起胎儿生长发育迟缓的报道。医生可能会为患有妊娠高血压的孕妇使用，需要密切观察胎儿的生长发育情况。

降压药：有明确胎儿致畸作用，孕妇禁用的是血管紧张素转换酶抑制剂，如卡托普利；血管紧张素Ⅱ受体拮抗剂，如氯沙坦；其他种类降压药，如钙离子拮抗剂，代表药心痛定，可引起子宫血流减少。合并妊娠高血压的孕妇需服用降压药，一定不能选用有明显致畸作用的药物。

利尿药：接近足月的孕妇服用利尿药可引起新生儿血小板减少。乙酰唑胺动物实验有致肢体畸形作用，孕妇忌用。妊娠期高度水肿，重度妊娠高血压，需要使用利尿药，急救需要以孕妇为重。

治疗哮喘的药物：茶碱、肾上腺素、色苷酸钠、强的松等均无致畸作用。

抗抽搐药物：孕期服用抗抽搐药，胎儿先天畸形发生率为未服用者的2～3倍。可用的有苯妥英钠、卡马西平、三甲双酮、丙戊酸等。患有癫痫病的女性生育是个大问题，要权衡利弊。

抗精神病药：此类药物均有致畸作用。所以，孕前就获知有精神系统疾病的，最好选择不孕。

镇静药物：如安定、舒乐安定，个别有致畸作用。孕期出现睡眠障碍，最好不要依赖镇静药。

解热镇痛药：扑热息痛可产生肝脏毒性；阿司匹林可伴有羊水过少，胎儿动脉导管过早关闭；布洛芬、奈普生、吲哚美辛可引起胎儿动脉导管收缩，导致肺动脉高压及羊水过少。妊娠3～4周后使用消炎痛，可引起胎儿脑室内出血、肺支气管发育不良及坏死性小肠结肠炎等不良后果。习惯服用这类药物的女性，在孕前要想方设法改变。很多感冒药中含有解热止痛类消炎药，故应慎重服用。

止吐药物：未见致畸报道，但治疗妊娠呕吐的药物对胎儿并不都是安全的。

抗肿瘤药物：有明确致畸作用。一般患了肿瘤，很少会继续妊娠。

免疫抑制剂：硫唑嘌呤、环孢霉素对胎母均有明显毒性。几乎不会用于孕妇。

维生素A：大量使用维生素A可致出生缺陷，最小的人类致畸量为25000～50000国际单位。维生素被视为营养药，可见营养药也不是越多越好。

维生素A异构体：治疗皮肤病，在胚胎发生期使用异维甲酸，可使胎儿产生各种畸形。不只是异维甲酸，治疗皮肤病，尤其是治疗牛皮癣的药，对孕妇的安全性很差。

依曲替酯（芳香维甲酸）：用于治疗牛皮癣，半衰期极长，停药2年后血浆中仍有药物测出，故至少停药2年以上才可受孕。

还有一些药物需要停药一定时间后才能受孕：

性激素类：达那唑、乙烯雌酚，均不宜孕妇使用，一些口服避孕药有致畸作用。服用避孕药避孕失败，大多是没有按照要求去做，如果计划怀孕，就要提前停用避孕药，服用避孕药需遵守规则。对于孕妇，激素类药物都不能常规使用。

危险抗生素报告单

四环素：可致牙齿黄棕色色素沉着，或储存于胎儿骨骼，还可致孕妇急性脂肪肝及肾功能不全。

庆大霉素、卡那霉素、小诺霉素：可引起胎儿听神经及肾脏受损。

氯霉素：引起灰婴综合征。

复方新诺明、增效联磺片：可引起新生儿黄疸，还可拮抗叶酸。

呋喃坦叮：妇女患泌尿系感染时常选用，可引起溶血，应慎用。

万古霉素：虽然对胎儿危险尚无报道，但对孕妇有肾毒、耳毒作用。

环丙沙星、氟哌酸、奥复星：在狗实验中有不可逆关节炎发生。

抗结核药：使用时考虑利弊大小。

抗霉菌药：克霉唑、制霉菌素、灰黄霉素，孕妇最好不用。

抗病毒药：病毒唑、利巴韦林、阿昔洛韦等，孕妇最好不用。

除此之外，孕妇在孕期内，包括其爱人在怀孕的前三个月内，均应避免照射X光、CT等放射性检查。如确实需要进行放射检查，应严格控制放射次数，并严格控制检查范围（病变部位），身体的其余部分，尤其是胚胎或胎儿等敏感部分，应采取防X射线的装置。

一团火 VS 老中医

后来在那个著名中医坐镇的医院发生的一幕幕和坐月子遭遇的自称出身中医世家的“史上最扯通乳师”，让在重中医轻西医氛围甚浓环境下长大的我，对中医的信任度大打折扣。

医院里还是和这位老先生平日出诊一样，门庭若市。他每周只出两个半天的诊，每次100个号，一个早上看完，每个人两三分钟。因为我们只是想咨询他先前开出的药方对胎儿有没有毒性，并没有一大清早去挂他的号。

可事实并不是我们想的那样理直气壮，医院里管号的分诊大妈硬是不准我们进去，还让我们改天挂了号再来。开始我还保持着一个知识青年应有的教养礼貌，轻言细语地跟大妈解释了我们的特殊情况，并且只要求她帮我们把药方递进去给老先生看看，判断这些药材对肚里的小孩有没有影响。

“这，我可做不了主。你看，这么多人都是拿了号在这等着的，我要是给你破了例，那他们怎么办啊？”分诊大妈两手一摊，示意过道里乌泱泱的候诊人群，更显得理直气壮。

“阿姨，今天要是问不清楚，我得等到下周了。我等得了，可我肚子里的小孩等不了啊。”

情况所迫，我也不管丢不丢人了，索性拿出采访时和保安斡旋的劲头，声泪俱下地向分诊大妈请求再三，可是分诊大妈见惯人间冷暖，兀自纹丝不动，守着那著名中医的诊室大门。

那一刻，我多么希望自己是一个市井泼妇，手握两把菜刀，管他什么教养礼节，直接冲到那个被吹捧得神乎其神的老中医面前，亮出明晃晃的凶器，怒叱其不学无术，开的是什么幺蛾子的药方，要害惨吾儿。

亏我还是江湖上有头有脸的黄总，被十多年的规矩教化所遏制，此刻只敢在脑中耍狠劲。身边那位彬彬有礼、斯文有节的沈先生更是看不出有任何古惑仔附体的迹象，浑身上下透不出半点吓人的匪气。

“小姑娘，我是最后一个，你排在我前面看吧。”就在和分诊大妈僵持当中，旁边不知何时出现一位好心的大娘，偷偷地凑到我耳边，安慰说，“别哭了，对小孩不好的。”

好心的大娘的出现犹如“观音再世”，给我们这对温良鸳鸯指了一条“活路”。此时，我和沈先生除了耐心等待，再也无计可施。

接下来的几小时简直度秒如年，让人终身难忘。医院这种场所本来就能增添常人的恐惧感，何况还是一枚情绪极为波动的孕妇。周围的患者多是寻求更年期保健的中老龄妇女，还有不孕不育夫妇，也有月经不调或者长满青春痘的妙龄少女，很少像我这样本来看的是痘，现在却瞧的是娃的年轻孕妇。

我的脑中一边展播冰冷冷的妇科病床、血淋淋的引产场面，一边放映手脚不全，大头盲眼的恐怖婴孩照片。但怎么感觉，哪一边都似人间地狱。就在被脑里的念头吓得手脚冰凉、不知所措之际，终于等到分诊大妈叫到100号。好心大娘给我俩使了使眼色，示意我们先进去。

“也没什么人了，就让这俩孩子先去问问吧。”

“这可是您说的，万一您自己看不上大夫，我可不负责任。”

分诊大妈很快把自己的这盘“账目”摆清楚。真不晓得同一个年龄段的中年妇女，怎么做人的差别会这么大？遗憾的是，我和沈先生急着去找那个著名中医，没顾得上跟这位好心大娘道一声谢，如果有机会再见面，我一定要亲口再跟她说声谢谢。

一进诊室，只见那位老中医正襟危坐在诊桌一旁，桌子的另一端有四个年轻人，应该是见习医师，其中一位较为年长，戴着眼镜，像是首席徒弟的样子，埋着头忙着帮老中医记录药方。

“号呢？你们的号在哪？”老中医气吞山河，还是那么有范。

“××大夫好，是这样的，上一周我太太不知道怀孕来找您看病，您给开了些药。我们都很紧张，不知道这些药对胎儿有没有什么影响，所以没来得及挂号就来找您了。”

都到这时候了，沈先生还保持着一个受过高等教育的知识青年应有的礼节，他怎么不是流氓地痞啊？碍于我脑筋已经乱成一团毛线，说什么都是词不达意、杂乱元章，只能等他问清楚药方的具体成分，我再来跟这个“庸医”算账。

“谁放你们进来的？不挂号，我不给看。”果然是国内首屈一指的顶级中医，关乎一个健康令人堪忧的小人儿，竟然眼皮子都不抬一下。

“我们补一个行吗？好歹您先帮我们看看这方子啊，能不能要这孩子啊？”一看这老先生没动静，我立马急了。沈先生赶忙拉住我，生怕我一时心急口快，惹毛这位著名中医。

“不行，不能为你们坏了规矩。”老中医睁开了眼，打量了我几下，又合上了，吩咐门口看热闹的分诊大妈赶紧叫下一号。

我再次被这位老中医的气势所打败，以为全世界的医生都是白求恩式的同志，以救死扶伤为己任，哪晓得也有这么冷漠和不以为然的例外。我当场愣住不知道该怎么下台，虽然已经急得要拍桌子瞪眼睛，倒是沈先生动作麻利，不等分诊大妈冲进来把我们往外赶，直接把药方摊在了老中医面前。

“这药方也是您开的，要是出了什么事，您也有责任！”沈先生的口气突然硬起来，终于飙出了点杀气。

“既然怀上了，药就没必要吃了。”老中医不假思索地说了一句，不容置疑的气场依旧。

“那您得告诉我们，这药对孩子有没有伤害？”

“要是有事，你能怀得上吗？”说毕，那位著名中医起身走出诊室，将我和沈先生撇在屋内。

说了这么多、流了那么多眼泪、辗转了这么久，等到的就是这样一个似是而非的答复？敢情我能怀上娃也得益于他的神丹妙药？我实在按捺不住内心的愤怒，追出去想要问个清楚明白。

“算了，再问也没用。人家打开门做生意，怎么会承认自己的药有问题。”沈先生无心恋战，收拾好药方，拉着我准备回家，“别耽误后面的人看病。”

“不行，我今天一定要问个清楚明白。”老中医的态度让我执拗起来，即使我也知道从他嘴里不会得到什么有建设性的建议，但这偌大的中医院总会有懂的人。

沈先生拗不过我，只好陪我继续在医院里打转。已是晌午时分，除了那位要看100个号的老中医，其他人基本下班了。好容易逮住老中医一个出来上厕所的徒弟，也就是那位首席徒弟。看我梨花带雨的，可能是出于同情，他勉为其难地跟我们讲解了药方的功效。我和沈先生也总算搞清楚了药方里药材的用途：都是用来活血补气的。

“应该没有什么太大的毒害”，首席弟子说毕，我和沈先生长舒了一口气，况且我之前还歪打正着地把药吐了一大半。没想到，那徒弟见我们愁颜舒缓，竟问我们要不要开些保胎的药方，说什么像我这种误食药材的，有滑胎之嫌，为求保险，应再吃几副镇胎的中药。听得我和沈先生心里又是一紧，去他的什么镇胎药，医者父母心啊，我们都还没从上几口中药的惶恐中缓过来，怎么可能还拿自己和胎儿的性命开玩笑？赶紧逃离这噩梦之地吧。

时至今日，想起这段历程，心里还有些戚戚然。对于孕早期的准妈妈来说，活血的中药确实有导致流产的可能。好在拜过祖宗的保佑，我们家牵牛福大命大，在后来一系列常规检查中表现良好，成功击败了老中医那几味冲击“营地”的“药弹”。

就客观而言，我也不能以个人经历来断言那位著名老中医是浪得虚名，相信还是有不少患者经其诊治病情好转免除了手术之痛的。只是中医这潭水实在太深，更多依仗的是医者的经验，能治好1000个人的不孕不育症未必就能号得出你怀了孕的脉象，适用于1000个人的药方也未必就能适用你的状况。也许事实真如他徒弟所说，怀孕早期的脉象是很难把握的。当初我主诉病状时，不停强调自己睡眠不足、过度劳累，有内分泌失调这一先入为主的论调，难不保老中医会依据平日里的习惯，匆匆开出活血化瘀的药方，忙着早点收工，好看下一个病人。

以上的亲身经历是活生生的负面教材，我所说的负面不是强调中医权威神马的都是浮云，而是自责对怀孕一事的无知无感。真枉为自己还受过高等教育，竟平添了这么多无谓的担惊受怕和焦虑不安，更差点连累肚中小宝因几副中药就无缘来到世上。因此，只要有怀孕可能的姐妹，千万不要因为一时大意，有点什么小毛病就盲目吃药，时刻谨防因误食药品带来的不良后果和担忧。

孕妈妈专用词典

孕期用药安全提示

许多准妈妈在未得知怀孕前，曾服用过感冒药，通常医生并不因你服用了几天感冒药，就建议你把胎儿流掉，一般会在往后的产前检查中，视对胎儿的影响情形再做必要的处置。怀孕6周内通常属于安全用药时间，这期间能让胎儿真正致畸的药物并不多，影响也是有或者是全的，胎儿有自我淘汰自然选择的能力，能继续受孕就说明胚胎是好的，如果胚胎不好，会在3个月内自行放弃。

因此，孕期谨慎用药不等于不用药。如果怀孕期间生了病，不及早正确用药治疗，也会导致母体和胎儿受损。准妈妈切莫因吃药对宝宝有害，就讳疾避医，延误了自己的病情。通常医院里的医生都会有孕期用药的详细手册，孕期生病后该用什么药，可交由正规医院的医生决定。

美国食品和药物管理局（FDA）根据药物对动物和人类的致畸情况，将药物对妊娠的危害等级分为A、B、C、D、X 5个级别：

A级：在有对照组的研究中，妊娠3个月的妇女未见到对胎儿危害的迹象（并且也没有对其后6个月的危害性的证据），对胎儿的影响甚微。

B级：动物实验有不良作用，但这些副作用并未在妊娠3个月的妇女得到证实（也没有对其后6个月的危害性的证据）。

C级：动物实验对胎儿有副作用（致畸或杀死胚胎），但并未在对照组的妇女进行研究。本类药物只有在确认对孕妇的好处大于对胎儿的危害之后，方可应用。

D级：有对胎儿危害性的明确证据，但对孕妇利大于弊而需使用的药物。

X级：对动物或人的实验表明可使胎儿异常。本类药物禁用于妊娠或将妊娠的患者。

以上分级只是指某种药品对多数孕妇的副作用而言，不排除个体差异。同时由于某些药物可能对胎儿有迟发的不良反应（在幼儿或儿童期出现），因此使用历史较长的药物，其有关方面的资料较新药成熟和可靠。

药物致畸的安全期和危险期

张大夫说

妊娠前期：是指从一个女性发育成熟到本次排卵受精之前的这个时期。药物一般是安全的，除非长期应用的一些半衰期很长，需要很长时间才能从母体中全部清除代谢掉的药物。这一般都是有某些慢性病需要长期服药的女性，这部分患者在准备受孕之前，需要和她的主治医生具体商讨咨询意见，日常生活中，这种药物是很少能够被老百姓“误吃”得到的。

受精第1日～第14日：此时，受精卵发育成胚细胞，天地混沌，这个小肉团尚未向各个组织器官的方向分化，药物的作用是“全或无”的。如果药性凶猛，导致大量囊胚细胞受损，结果是直接杀死胚胎，造成流产。如果药性温和，没有或者只有很少量的细胞受损，不会影响其他囊胚细胞最终分化和发育成正常个体。

受精第15天～妊娠3个月左右：在这个关键时期，首先是心脏和脑的发育，继而是眼、四肢，性腺和生殖器，各个重要的生命脏器在一个非常短的时间内迅速分化，极易受到各种致畸性因素的影响，而且，药物毒性作用越早，发生的畸形可能越严重。

妊娠3个月～分娩：3个月后，胎儿各脏器基本分化完成，已经是一个有眉有眼儿的完整小人儿了，虽不能说是百毒不侵，但是，有一定的抵抗力，药物的致畸性已经大大下降。

有其父必有其子

“这是好事啊，傻丫头，你哭什么啊？”

当我在电话这头一把鼻涕一把泪地讲述我意外怀孕的悲惨遭遇时，周老师在电话另一头笑得乐不可支。周老师是我妈，长期从事青少年的教育工作，是一位走在时代风口浪尖的博客名媛。她多年来对我疏于管教，确切地说应该是懒于管教，无视任何我跟男生交往、上网玩游戏、旷课写小说等不良行径。按照她的说法，那都是些“偷鸡摸狗”式的小把戏，上不了台面，等我过了青春叛逆期，玩着玩着没劲了，自然也就“浪女回头”了，没什么好操心的。

很多同龄人羡慕我，觉得有这么个前卫、不唠叨的妈妈该多么幸福。他们当中，有的被老妈从头发颜色到鞋垫薄厚规划得毫厘不差，有的读书时被老妈勒令不准谈恋爱工作时又常被摁着去相亲，有的谈对象被自己的老妈问得快要比对象他妈还要清楚其生辰八字、银行存款、家庭成员等诸多情况，有的连出门吃个饭唱个K，都会接到老妈的夺命连环Call。

但“子非鱼，又焉知鱼之不乐”？在青春期的很长一段时间，我时常陷入深深的不被重视和被冷落的惆怅当中，这在80年代生的独生子女中可不多见。前几年，我失恋，女儿家的那点凄苦绵长的心事都不知道跟谁说，怕被周老师笑话我幼稚，只得找上我爸。

我爸，A型血摩羯座工科男，典型的传统顾家工作狂，此生只谈过一次恋爱，同年即结婚生子，和我妈O型血天秤座文艺女的洒脱开朗、时尚前卫相映成趣。

他很具前瞻性地预测到“国内大城市将出现越来越多的高知剩女”这一严峻形势，担忧我到时会嫁不出，适时挑起担任我“恋爱军师”这根大梁，一直以一个成熟中年男士的眼光，帮我分析各类情感问题和各路男人对待爱情的心态。

比如他会教导我："女人生孩要趁早，25岁左右身体最健壮的时候生最好。容易恢复，小孩也健康。"说这话的时候，我逼近25岁未有男朋友，听起来就像个笑话。

但我妈则对许多父母热衷操心儿女的婚事不以为然，她常说："是个女的迟早都会嫁人，有什么好着急的，只是嫁得好不好而已。"仿佛我嫁鸡嫁猫嫁狗等到头发花白都无所谓，反正总有一天，我会嫁出去的。

这二人会走在一起，我一直认为是个奇迹，无论从星座学还是从血型性格上来看，他俩都很不搭。但就是这对性格迥异的夫妇，20多年前就很前卫地在年头领完证，年中摆完婚宴的当晚揣着别人送的红包，北上游山玩水去了。辗转武汉、邯郸、北京、承德、青岛、上海等多座城市。我作为一个不可或缺的灯泡，在我妈的肚子里和他们一起见证了祖国大好河川的壮丽多姿，遍尝海鲜龙虾、大闸蟹、沪式小笼包等特色佳肴。

这对年轻的父母，抱着如果小孩掉了就算了反正也没准备好的敷衍态度，完全不顾我的生命安全，一路颠簸，又是什么火车硬座、又是什么登极远眺、海边踏浪，玩了整整一个月，好容易回到家，还碰上长江发大水，受到为人民无私奉献的精神感召，这俩人又义无反顾地加入到浩浩荡荡的抗洪救灾战斗当中。

而我，这个在改革开放之初就跟随父母游历祖国大江南北的小小胎儿，在如此恶劣的"居住环境"下，顺利出世，健康地长大成人。对此，他们仅以"当时年纪尚小""没做好当父母的准备""你不是还好好的"等说辞对我进行解释。

更"过分"的是，这对当年囊中羞涩的年轻夫妇还经常以"我们当时也没钱，就大着肚子坐着去了北京""××（风景地名）你怎么没去过？你在妈妈肚子里的时候就去过啊"这样明显带有挑衅意味的自豪口吻对我进行刺激，生怕我不知道他们彪悍的少年之勇。

如今，历史再一次神奇地在我身上重演。虽然像"未婚先孕"这样大逆不道、败坏门风的事情在我20多年来的生涯中唯恐不及，难以启齿，但对于他们，我想应该比一般父母更能接受这个事实。

“正中我下怀啊，哈哈哈……”我爸抢过电话，原来他早就有预感，偷听我跟我妈的对话，“这孩子是上天注定，你们不要贸贸然就打掉。”

“爸，我担心他不健康，我吃了药，虽然不多，还是中药……”

“你现在也没什么不良反应。只要你从现在起，注意监测，根据检查的结果再作出判断。生命没有你想象的那么脆弱，况且打掉第一胎对你身体不好，以后想再怀孕就难了。”

“我和沈××还没有举行婚礼呢，同事朋友会怎么看我们啊？”

“婚礼只是一个形式，关键是你们两个觉得合不合适，别管别人怎么看。”

“房子也没有装修好，到时候怎么住啊？”

“船到桥头自然直。房子，你们先暂时住着，不要随便动土，装修对孩子不好，到时候人多了租一个房子也行，关键是小孩健康平安地出生。”

“爸，你不生气吗？”

“我气啊，我气你这么大的事为什么先告诉你妈，不先告诉我。”

“对对对，您才是我的恋爱军师。”

“父女母子的缘分很难得，不要轻易割断，以后后悔就来不及了。”

“知道了，爸。”

驮着娃的婚礼

场景一：求婚　　人物：沈先生 我

沈先生：“我在买菜，楼上那家××珠宝店的那对戒指好像有你号了，赶紧过来试试。”

我：“真的啊？等我一下哦。”

半小时后，我俩一人提着菜，一人举着婚戒回家了，然后边炒菜边讨论婚礼的细节。直到婚礼上有朋友问起，我才反应过来，这就是传说中的求婚。

场景二：梦境　人物：我

婚礼前，我老做这样的一个梦，梦里硝烟弥漫，迷蒙的远处似乎有一座吉凶未详的城堡，我和沈先生像两名战士，表情坚毅地要一同冲向那滚滚烟尘中的前方……

结婚，有时就是一闭眼、一昏头的事情，无论我们和别人说得多么有理有据，说到底还是在说服我们自己。生娃，大概也是这么个道理。

场景三：京城各大鞋店　人物：我　沈先生

对于34号的小脚人士来说，逛商场买婚鞋是一个自我羞辱的过程，并且还得考虑到，她是一个孕妇。

场景四：教堂婚礼培训课　人物：神甫　新人们

神甫：“在教堂举办婚礼，不需要大家是信徒。但如果你们不是以繁衍下一代为目的而结合，那么，主是不会承认你们婚姻的。”

坐在耶稣老人家画像下认真听讲的新人沈先生和黄女士，想到肚中尚未出世的娃，都下意识挺直了腰板，在耶稣和神甫面前表现得十分硬气。

场景五：某婚纱影楼　人物：我　沈先生　影楼工作人员

某日上班前闲逛，我在一婚纱影楼前驻足。

沈先生：“想拍婚纱吗？”

我：“想看看现在的主流婚纱照是怎么样拍的。”

遂手拖手进入。

某影楼工作人员：“我们现在推出台湾旅游拍摄套系，价格仅为16666元，送24寸水晶相框，并免费租借三套vip婚纱礼服……”

我：“大着肚子多费劲啊。”

然后面不改色心不跳地拉着沈先生的手走了，完全不给影楼工作人员及其上司翻白眼的机会。

沈先生：“我们就这样走，不太好吧？”

我：“但抛开婚纱照的造型和妆容不说，你不觉得构图也有问题吗？”

沈先生：“是啊，用光也不准。”

我：“脸也没P好……”

上班路上，我俩径直就对浏览过的婚纱照进行摄影方面的探讨，至今没有谁再提起要专门拍婚纱照的事。

场景六：婚礼现场　人物：沈先生　我　双方家长

（前情提示：我和公公婆婆是结婚前两天才正式见面的，婆婆之前只看过我和沈先生的大头贴。）

距婚礼开始只有两个多小时了，彼时的我正为盖不住的痘痘而烦恼，婆婆打扮一新地走过来安慰我：

“媳妇，我同事都说你长得像张韶涵，但我觉得你长得更像宁静！”（婆婆和她的同事们真是心地善良、目光独到。）

“妈，我一直觉得您长得像大S！”（知道什么叫“投之以桃，报之以李”吗？何况“投”的那人还是你婆婆。）

“你看你这睫毛长得，跟我们那的维族姑娘一样！”（婆婆真给力啊。）

“妈，我觉得你比大S要好看！”（我说的是实在话。）

“亲家公，我觉得你长得很像普京哎！”（婆婆转而夸赞刚走进房间的我爸。）

“这个要小沈才有发言权，他采访过很多次普京啦。”（我爸故作谦虚了。）

“嗯，我可以肯定，爸确实像普京。”（沈先生开始了。）

“昨天我们看电视，邓超有一个镜头特别像小沈。”（我爸也“沦陷”了。）

“我看我儿子穿起西服挺像黄晓明嘛。”（婆婆，您这话有点过了……）

“亲家母，还是你好看。”（面对从内到外都闪烁时尚之光的婆婆，我妈词穷了。）

“亲家母，你看我们全家都是明星哎！”（婆婆作家族史上最掷地有声的总结陈词。）

在场的化妆师和摄影师、摄像师当场就震惊了，这些本该由他们嘴里说出来的恭维话怎么都被这家人自己给消化了。受婆婆称赞信心大增的我不禁在想，那个隐藏在婚纱最里层，尺寸尚不能被识破的娃以后会像我们这个“明星家庭”里的哪一位呢？

场景七：婚礼现场　人物：沈先生　我　所有婚礼嘉宾和工作人员

话说我虽驮着娃，没参与婚礼排练，但婚礼现场还是很温馨动人的，也没有任何一个人看出我已身怀六甲。几位观礼的朋友一度感动到落泪，作为当事人的我和沈先生，却没有一张掉泪的画面可以给在场那么多的专业摄影师朋友给捕捉。见证了无数场婚礼的婚庆公司摄像师说，80%的女孩在父亲挽着自己的手走向新郎和神甫时总是泪光涟涟，甚至哭得妆容脱落，最起码也是保持羞涩。

“但您是个例外~~⊙＿⊙b”

为什么呢？因为我在步入教堂的第一刻起，就宛如大腕上身，全不见羞涩和紧张，在无数闪光灯和镜头前镇定自若地和周围的朋友点头示意，脸上洋溢着笑容。尽管前进的步伐总是被拖长的婚纱给绊住，尽管爸爸在我旁边紧张严肃得就要落泪，尽管看见起立的朋友们在鼓掌的同时已经开始流泪，尽管前方的沈先生看起来有点紧张而神甫看起来有点遥远，但我始终没有低过一次头，抿过一次嘴，皱过一次眉，绊过一次脚，在事前完全没有排练的基础上，愣是一步一个脚印，一步一踢纱裙，驮着我和我的娃向神殿迈进。

“太有范儿了！”这是摄像师事后给我的评价，和之前因筹备婚礼显得疲惫不堪、毫无信心的小媳妇简直判若两人。

“所以我们都称呼她为黄总！”到场帮忙拍照的记者同事如是说。

“从此江湖上再也没有黄总此人，只有沈太太……和孩儿他娘了。”我想我暗自嘀咕这句话的时候，应该颇有些壮士的风采吧！

生吧生吧——写给那些怕生小孩的人

“生娃？给个理由先。”

其实我想不出什么特别有说服力的生娃理由，因为，我能想出一条，就能找出千万条不生的理由：

“反正又不指望孩子养老，又何必折腾中间这个过程呢？”

“我不生孩子，原因一：没钱没房没车，除非嫁亿万富翁，嫁不到就坚决不生，免得孩子跟着遭罪；原因二：身材会变形，是女人都知道身材变形对女人的伤害，又有哪个男的希望自己的老婆身材胖得惨不忍睹？”

“我是一个男人，应该有所担待。现在事业还没起色，生活也不稳定，即便结了婚、生了孩子，也没法给他提供富足的生活，还是等等再看吧。”

“前段时间去做妇检，感觉自己根本不像一个人，而是像牲口一样尊严全无。况且我怕疼，连打个针都疼得喊娘，就更别提熬十几小时生孩子了。”

“我不知该怎样教育孩子。纯洁善良的孩子，在这世上会受骗受苦伤心，我不忍；八面玲珑的孩子能游刃有余于世界，但我不喜。”

“我一点也不喜欢小孩，实在太吵太闹太操心，参见我四姨的孩子二叔的孩子三舅的双胞胎……”

“现在国内的环境太差，奶粉又老出事，装修还带重辐射呢。我可不想我的孩子在这样的环境下长大，自己的事都操心不完，还得操心个小的。”

“我和我老公工作忙得没时间生啊，就算现在生，质量估计也不高，还是再等等吧。”

……

每个选择生的人都有他们生的理由，每个选择不生的人也都有他们不生的道理。若非上天怜悯，以我太阳星座在射手、上升星座在处女的拧巴纠结的性格，肯定会写满一屋子生与不生理由，都写不出一个娃来。比如我会在“生娃的好处”一栏下面写着：“孩子是维系一个家庭和睦的基石。”但也会同时在“生娃的坏处”一栏下面写着：“企图用孩子维系夫妻感情的人是愚昧而悲哀的。”

连我所崇拜的米兰·昆德拉都说过：“有了孩子，你就不得不向这个世界妥协，你要强迫自己热爱他。”光是这句话，就得吓跑多少内心载满情怀的文艺男女？事实上，当我真的生了娃、当了娘，我才发现那些不生娃的理由都不是理由，那些生娃的阻碍都不是阻碍。

举几个备孕前常见的担忧：

怀孕让女人变丑变胖？

身边怀了孕气色更好的准妈妈比比皆是，只要饮食控制得当，进行适当锻炼，根本不会暴增60斤。像我这样四肢协调欠佳的运动白痴，没有专门进行孕期瑜伽、游泳等运动，打着怀孕的旗号心安理得地胡吃海喝，单单靠上班和三天打渔两天晒网的散步，整个孕期也就长了20斤不到，而且因为肚里有个能吃的娃跟我分摊营养的缘故，脸显得比先前还消瘦些。

至于穿衣，谁规定孕妇肚大腰圆就必须包得严严实实，看起来像机器猫一样？现在衣服种类那么齐全，只要花点心思，还是可以淘到不少好看又不勒小宝的美衣，打扮得既时尚又大方地去上班、逛街和老公浪漫约会（具体指南详见：“我的着衣口号：坚决不当机器猫”）。

更要提醒各位准妈妈的是，一个人的美与丑有时候并不在于一时的胖瘦，更在于一个人整体的精神面貌，都说“怀孕的女人最美丽”，美在哪里？美在那份自信，美在那份孕育下一代的母性光辉。所以放松心情，大大方方地接受自己，一定会收获意想不到的赞美和回头率。

产后身材难以恢复？

由于怀孕时增重不多，我“卸完货”基本就恢复到孕前体重了，月子里没怎么动弹，反而胖了10斤，后来一个人带娃又跌回三位数以下，虽然没有纤瘦得让人眼红，但去大街上装个未婚少女还是没啥障碍的。毕竟我本来就是个视食物如同生命的减肥落后分子，带娃时也忙得没有时间找健身私教，参加什么产后瘦身班、××纤体，有这样的成绩我已经相当满意了。

身边还有具更震撼性的例子。我有一个朋友，怀孕前是标准的“动批身材”（北京动物园附近的大型服装批发市场，款式多样、价格低廉，衣服多为批发不让试穿），很少衣服穿在她身上会不合身，怀孕时她从90斤一跃为150斤，活脱一相扑运动员，还“沦落”到加肥加大的服装成衣店找衣服穿。当时我们都觉得她算完了，好好的身材就这么给一个娃糟践了，纷纷表示生娃对一个女人身材摧毁力实在太大了。结果产后六个月再见到她时，竟俨然又是一枚体态轻盈、腰细胸大的窈窕少妇，问她瘦身秘诀，答曰：“多喂奶、多带孩子。”

还有比生娃更重要的事？

“工作太忙，手头上还有个大项目”“刚申请到伦敦大学的offer，这个出国机会太难得了”“刚进公司，还没站稳脚跟，等升了职再考虑小孩的事”“我和我老公才结婚，蜜月旅行都还没有进行呢”……好多比“怀孕生子”更重要的事情摆在眼前，在人生最年富力壮、最具创造力和活力的阶段，哪怕奉献给“玩”，都显得那么弥足珍贵，要无条件割舍到奉献给另外一个未知的生命，确实让人为难。

当世界缩小到只有我和娃的吃喝拉撒时，我也曾无比沮丧懊恼过，觉得这日子过得实在太过憋屈、太过空虚、太过单调。直到某日我抱着熟睡的娃，看着他红扑扑健康的小脸，一团流畅着你血液的肉肉从胸脯暖至全身，我才切肤体会到何谓“充实”。人，真正能留在这个世界上的，也就是子女这点血脉而已，还有什么比看到自己的孩子在这个地球上成长和进步更加美好和弥足珍贵的事？

身体没有达到最佳状态？

一般而言，女性的最佳生育年龄为25岁至30岁，男性为35岁前。如果你正处于这个年龄阶段，我想再好的营养品和商家鼓吹的健身计划都比不上生理年龄带来的优势。现在很多资料和商家都建议夫妻双人在要小孩之前除了戒烟戒酒外，还得进行这个健身、补充那个营养，仿佛不把这一切准备妥帖，就生不出健康的孩子。我觉得，对于一切为了力求最佳生理状态的身体准备，都是有条件的遵循，条件不足的或无法做到的，则没有必要为此刻意拖延生育时间，因为没有谁的备孕环境和孕产过程是完美的，准备得再充足，也会有遗憾。

就我和沈先生而言，“孕”出突然，并没有没时间和条件进行周全的孕前检查甚至婚检，我连叶酸片也是怀孕后象征性地吃了一个月，更别提我前文所述那些长途奔波、玩呼啦圈、吃活血中药等无知胆大的行为了。此外，我俩孕前孕中到产后都在有着几百台电脑共同运作的大平面工作，并没有刻意调换工作环境，但我们的娃还是顺利地出生了，没有发现任何发育异常和智力问题，一直壮实活泼得很，很少生病。

孕妈妈专用词典

叶酸：是由喋呤啶、对氨基苯甲酸和谷氨酸等组成的化合物，是一种水溶性B族维生素。孕前和孕早期服用可以预防胎儿畸形。

年龄太大不好生？

我认识一个姐姐，之前也是因为学业工作等种种顾虑蹉跎到了38岁，才恍然意识到自己非常需要有一个孩子。开始都做好剖腹产的打算了，结果临产前被同床的姐妹一鼓励、一刺激，竟然把8斤多的大胖小子给自然生出来了，就更不要提各大母婴论坛中已经30岁出头，但还是自己顺产出9斤、10斤巨婴的"英雄母亲们"了。

没地方住没钱养？

由于广东人讲究"怀孕不能挪床"，怀孕后，我和沈先生一直挤在之前实用面积不足40平方米的小公寓里。我们贷款买的二手新房，也因为"怀孕不能动土"的规矩，没有进行任何的装修装饰，只买了点家具，之前试图打造史上最温馨浪漫的文艺男女婚房的想法因为有了娃，被迫搁置。而就是这样简易甚至有点老套过时的房子却让我们一家三口越过越踏实。说起来很巧，我们房子的上一户主人有一个非常健康可爱的小女孩，他们为此已经将其布置为适合孩子成长和活动的居所。因此我们不用操心这座房子哪种化工涂料会腐蚀到娃的健康，哪种地板质地会威胁到娃的安全，更不用顾虑越来越调皮的娃会把谁的装修心血糟蹋。

谈到钱，是个敏感话题。但穷有穷养，富有富养，到底什么样的财力才算达到养娃的标准？谁也算不清。我和沈先生也非大富大贵之家，也没有接受过高人一等的贵族教育，和很多80后的同龄人一样，通过自己的努力在北京这座城市扎根成家，所以相信人贵在自立自强。何况成才的道路有很多条，并不是非得给孩子铺就金钱大道，他就一定会在这条路上走得更好。儿孙自有儿孙福，你怎么知道你的小孩不是“穷人的孩子早当家”，将来会比那些含着金钥匙的富二代们更有出息、更让你省心呢？

关于以上几点备孕前常见的担忧我还可以举出许多。说到底，排除生理局限，又有哪一条真的是生了娃不成活的？红军长征时期尚且诞生了无数杰出的革命后代，何况物质条件如此丰厚的现今。当然，我也绝非“生子派”的代言人，铆足了劲要拖你下水。我只是觉得为了未知的困难，就把未知的幸福挡在门外，未免过于武断；为了未知的幸福，非要等到一个“不得不为”的契机，未免太过被动和牵强。就好像你喜欢一个人，想跟他过一辈子，他自然有这样或那样的缺点，你也预知了你们婚后会有这样或那样的不合。但既然你喜欢他，应该尽全力去包容对方，不能因为眼前的不完美，就一直拖着不给彼此一个相守一生的机会。至于婚后的生活，固然会有这样或那样的不如意，你若是能忍耐，能包容，还是会收获与婚前截然不同的体验和快乐的。

生儿育女本是平常事，我的小孩也不过是万千小团团生命中普通的一个，只有放大到每对父母的眼里，自己的孩子才会显得那么的与众不同。有时我看他那样的看着我，笑得跟天使一样，眼里心里全是我一人，这样全心全意地爱我，倘若当初我被任何一个不生他的理由打败，那么此刻也不会有心里每个角落都被温暖填满的幸福。

佛曾说：“前世五百次的回眸才换来今生的擦肩而过。”你问哪对父母，会真正在乎这份幸福的长短？

菩提老祖：生娃需要理由吗？

至尊宝：不需要吗？

菩提老祖：需要吗？

至尊宝：不需要吗？

菩提老祖：……

你若真想找一个无懈可击的生娃理由，恐怕这辈子都难以找到了。

我的研究“生”笔记——孕早期

正所谓万事开头难，怀孕早期作为迈入准辣妈行当的第一关，难度系数仅次于生娃，因为妊娠早期胚胎最脆弱，也最容易受到外界因素影响。无论计划内还是计划外，准妈妈都面临身体上的考验和孕早期种种不适生理反应，心理上也极容易缺少安全感。我的攻关体验是：万事谨慎，调整心态，让自己坦然、坦然再坦然地接受身体和心理上的新冲击。

一、关于备孕

鉴于我失败的避孕史，先特别提醒各位暂且不打算怀孕的未来准爸准妈们：月经前的安全期相对来说安全些，但月经后的安全期很不安全，且月经周期越短，越不安全。因为卵子最多只存活两天，精子可以存活好几天。

很遗憾，在备孕这个问题上我没有实战经验，没有过多的发言权。我和沈先生几乎是一击即中，孕前没有任何心理和生理上的准备。不过在这里，还是想以过来人的身份，提提自己的几点看法：

首先，我并不主张大家冒险，条件允许下，有计划地“造人”还是能避免许多无知犯下的罪过，比如不恰当用药、过度运动或者其他因素对宝宝造成的伤害等，也无须面临是否流产的痛苦抉择。

其次，我还必须承认，意外怀孕的准爸准妈适应“为人父母”这一角色的转换要比计划造人的准爸妈们漫长得多，这过程也和年龄成反比。我在生完孩子的很长一段时间里，都接受不了自己已经是妈妈、必须对另一个小生命无条件付出奉献的事实，比起身边一开始就享受着为人父母角色的准爸准妈们，我的慌乱无措让我无法从孩子出生伊始就意识到有子代的幸福感和成就感。

其三，我也不赞成太过刻意地“造人”。有朋友为了打造最佳品种，定期B超监测卵泡发育及排卵情况，一旦测试到优良卵子，就打电话让老公速速前来○○××;还听说有人为求什么男胎、双胞胎和龙凤胎吃了好几年稀奇古怪的民间秘方。我不认为通过这样的方式就能孕育出理想的后代。相反，过分的精神压力反而会影响精子、卵子的发挥。

因此，孕育下一代还是顺其自然得好，对小生命抱有一定的责任和尊重，也无须刻意计划，和孩子的美妙缘分总会在某个人生路口等着你。

以下，是我在各类孕产论坛上搜集整理到的一些常见备孕注意事项：

戒烟、戒酒、戒避孕药

像烟酒这些地球人都知道的对健康的危害，在这就不多赘述，我只是想额外提醒：对于怀孕妇女来说，酒比烟的危害性更大。

医学专家认为，平时服用避孕药的妇女如果想怀孕，最好在停服避孕药6个月后再怀孕。

不要谈避孕药色变

张大夫说

口服避孕药分为长效和短效两种。目前，长效避孕药基本已经退出历史舞台，市售的口服避孕药基本都是短效避孕药，例如老百姓熟知的妈富隆，达因—35，优思明等。早年间的观点是停避孕药后6个月再怀孕比较安全，重点是针对长效避孕药的。

目前，国内外妇产科学界基本获得共识的观点如下：

1.不论是长效还是短效避孕药，停药后3个月内恢复排卵者约占80%，一年内恢复排卵者占95%~98%。可见，停药后并不影响生育；

2.停用短效避孕药后，生育能力大多能够立即恢复，停药第一周即有70%的妇女恢复排卵，3个月达90%；

3.停药后，药物对胎儿无影响，出生婴儿畸形的发生率并不增加，所以，目前的观点是，应用短效避孕药者没有必要停药3~6个月再怀孕；

4.服用市售的短效口服避孕药，如果因为漏服等原因发生意外妊娠，不建议终止妊娠；

5.市售紧急避孕药多以孕激素成分为主，例如大家知道的毓婷，如果发生意外怀孕，也不是必须终止妊娠的。

备孕前和怀孕期间最好不要住在刚刚装修好的房间里

新装修的房间中的一些装饰材料、新家具或多或少存在着对人体有害的有机溶剂、黏合剂等，对成人可能没有大的影响，但却可能对正处于各个器官系统发育的胎儿造成不可逆的损伤，也较容易引起流产。

更理智地与宠物相处

养猫猫狗狗一是注意弓形虫，二是注意卫生。如果你准备怀孕，肯定不应该再跟狗狗一起睡觉觉啦。不过，狗狗引起弓形虫感染的问题没有大家想象的那么严重，弓形虫只会在猫的粪便中出现，而狗狗、牛、羊等哺乳动物，虽然也有可能感染弓形虫，但除非我们吃了没有熟透的肉类，才有可能被感染。所以说，养猫的朋友要特别注意不能接触猫粪，养狗的朋友安全起见也不要接触狗狗的粪便、眼屎、唾液等分泌物，这些清洁工作都交给其他家庭成员好了。另外，抚摸狗狗之后要用肥皂洗手，不要没洗手就揉眼睛或者吃东西。

卫生这块，主要是怕狗狗的细菌，毕竟它们一身的毛毛，又经常在草丛玩耍，或者还跟其他狗狗接触，碰上脏东西总是难免的。备孕和怀孕头3~4个月，要和狗狗保持一定的距离，可以摸摸它，但最好不要与

它搂抱亲吻。定时用汽巴和福来恩帮狗狗驱逐体内外的寄生虫，还可以给狗狗买一瓶“快乐红糖”，据说这可以防治狗狗得弓形虫病。

孕前检查

一般有常规血液学检查、梅毒血清检查、艾滋病病毒检验、麻疹抗体检查、乙型肝炎检查、子宫颈刮片检查，精液常规检查，ABO溶血等，男人可多做一个精液常规检查。

这里重点说说TORCH检查、ABO溶血检查和TCT宫颈防癌筛查：

妇产科医生提倡孕前检查

张大夫说

怀孕之前，应该对自己的身体进行全面检查，这能够减少很多意外或者麻烦。所以，强烈建议大家做孕前检查，防患于未然。如果单位每年都体检，那么一些常规的身体检查项目（肝肾功能，心电图，胸片，乙肝、艾滋病、梅毒、丙肝等传染病检查，乳腺，甲状腺，直肠）就不必特意做检查了。妇产科方面需要做的孕前检查项目包括：宫颈细胞学检查，子宫、双附件B超，妇科检查，抽血化验TORCH，ABO血型和RH因子化验。

孕妈妈专用词典

TORCH 检查：

T（Toxopasma）是弓形虫，R（Rubella.Virus）是风疹病毒，C（Cytomegalo.Virus）是巨细胞，H（Herpes.Virus）即单纯疱疹I/II型。

TORCH 检查也称脱畸全套检查。和乙肝一样，检查结果会显示既往感染和目前感染的情况，一旦感染，特别是妊娠头3个月，会引起流产和胎儿畸形。如果是既往感染，那不必担心，因为感染后体内就会产生抗体，这是最令人放心的一种情况；如果目前正在感染，那必须等到病毒检测转阴以后再怀孕；如果既往感染和目前感染都为阴性，可以怀孕，但怀孕3～4个月后应该再做一次TORCH检查，确保孕早期没有感染此类病毒。养猫的朋友，应重视这个检查。

此外，TORCH检查属于建档时的检查，孕前一般不作要求，我也是怀孕3个月在医院建档时查的。曾经有一个朋友，怀孕3个月建档时，发现TORCH检查有两项结果呈阳性，但那个时候已经无法判定病毒的感染时间。她和老公两个人不舍得打掉孩子，顶着巨大的心理压力把孩子生了下来。所幸宝宝健康平安，但孕期所受到的煎熬是常人难以想象的。所以，条件允许的话，建议大家孕前检查就重视TORCH检查。

关于弓形虫的困惑

❤ 张大夫说 ❤

我本人更倾向于建议女性在怀孕之前检测弓形虫，如果没有近期感染证据，同时进行预防弓形虫感染的健康宣教，预防方法是：

1.怀孕的妇女避免与猫的粪便接触，家庭成员应及时做好猫的粪便清洁工作；

2.避免动物尤其是猫的粪便污染水源，蔬菜等；

3.不要吃生肉，或者半生不熟的肉；

4.厨房里要生、熟食品分离，生、熟食分别加工，如用两块菜板、两把刀具等；

5.饭前便后要养成洗手的习惯。

ABO溶血检查：

检查对象一般为女方血型为O型，男方为A、B、AB型血的夫妇；检查内容包括血型和抗A、抗B的效价；检查意义是为了避免婴儿发生新生儿溶血症 。

孕妈妈专用词典

新生儿溶血症：指因母、婴血型不合而引起的同族免疫性溶血。在我国以ABO血型不合者占多数，RH血型不合者较少。本病症状之轻重差异很大，一般ABO血型不合者症状较RH血型不合者轻很多。病儿常于生后24小时以内或第二天出现黄疸，并迅速加重。随黄疸加深可出现贫血、肝脾肿大等状况，严重者会导致胆红素脑病。

这个ABO溶血检查曾在很长一段时间里困扰着我。因为我是O型血，沈先生是AB型血，我产检的医院没有提供相应的检查，只是告诉我没有流产史的第一胎发生重症黄疸的情况很少，现在的医疗技术完全可控。但是如果妈妈是稀少的RH阴性O型血则必须做溶血监测，以防止母婴血型不合。

后来，我考虑再三也没有去查抗体，因为超标的话，也没有特别好的处理方法，吃中药，也不一定能把指标降下来，还不知道对小孩子有什么副作用。按照我爸的说法，中国这样血型的多了去，如果ABO溶血症真像某些地方宣称得那么严重，那O型血的人和非O型血的人都不能结婚了。

最后，我的牵牛顺利地出生了，没有发生病理性黄疸，生理性黄疸也一周不到就退了，那个之前听起来怪吓人的ABO溶血症状完全没有发生。

要不要
做常规溶血筛查

张大夫说

母儿血型不合可能会导致胎儿或新生儿体内溶血，影响下一代的健康。

母亲的血型与胎儿(或婴儿)的血型大多情况下是不一样的。老百姓常说的血型一般都是指ABO血型，四种大家熟知的血型分别是A型，B型，AB型，还有O型。在我们的身体内，还用另外一个对于医学研究非常重要、但是老百姓了解不多的血型系统，就是RH血型。RH血型有阳性和阴性之分，绝大多数人都是RH阳性，RH阴性率在不同人群和种族之中存在差别，例如美国白人约15%，黑人约5%，我国汉族为0.34%，有些少数民族可能在5%以上（如塔塔尔族，乌兹别克族）。RH血型和溶血的关系更大。

胎儿从父方遗传获得的血型抗原（如RH血型的D抗原，以及ABO血型的A抗原、B抗原）可能恰好是母方所缺乏的。在整个孕期，尤其是分娩这个最关键的时刻，是不可避免地会发生胎儿血液进入母亲体内的，极微量的血液中所含的母亲不具有的血型抗原就可以引起母体产生相应抗体。最初形成的抗体是IGM类，它的特点是分子大、不能通过胎盘，所以，并不会影响这一胎的宝宝。逐渐地，抗体类型会转变成IGG类，此类抗体的特点是分子量小，再次妊娠时，这种IGG抗体会通过胎盘进入胎儿血液循环而引起胎儿乃至新生儿溶血。

目前，一些医院建议孕前做溶血筛查。化验单可能显示，一些O型女性具有抗A，或者抗B抗体，甚至在一些没有生育历史的女性血液中也能发现抗体。这是因为在日常生活中，一些食物、革兰阴性细菌、肠道寄生虫、疫苗等也具有A或B血型物质，持续的免疫刺激可使机体产生IGG抗A或抗B抗体。事实上，这个抗体需要达到一定滴度，目前认为至少达到1∶64才可能会发生胎儿溶血的状况；达到1∶512才会高度怀疑胎儿发生溶血。另外，我们在临床中还经常会发现抗体滴度的高低和胎儿溶血程度并不成正比。更多时候，可能抗体滴度很高，但是宝宝平安无事。

如果没有分娩过有黄疸或者水肿新生儿的历史，也没有反复流产。早产胎死宫内的病史，没有接受过输血的女性，可以查ABO血型。但是，不提倡对女性常规筛查抗A或者抗B血型抗体。

强烈建议化验RH因子，对于嫁给RH阳性丈夫的RH阴性女性，需要进行严格的围产期管理，定期进行COOMBER试验，监测胎儿宫内情况。即使第一胎平安无事，还要在医生指导下按时注射免疫抗D，目的是保护下一胎不发生溶血。

TCT宫颈防癌筛查：

准妈妈的孕前检查不应忽视TCT，这是对妇科疾病最深入和全面的检查项目。如果有妇科炎症，应该在怀孕前治疗痊愈，因为炎症会影响受孕的成功率。即使成功受孕，怀孕期间炎症会更容易恶化也不便治疗。

我个人认为怀孕后，这项妇科检查就没必要做了。一则，三个月内的内检容易引发流产，二则，不理想的检查报告单会增加准妈妈的思想负担。很多医院在建档时的第一次产检，会建议孕妇做这项检查（怀孕12～13周，TCT属于自费项目）。我当时不明就里，只知道医生让检查就检查，更搞不清楚什么是HPV，对胎儿有无危害，只记得内检时感到相当不适，还有轻微流血的现象。

后来取了报告才知道，TCT检测报告跟胎儿是否健康没有什么太大关系，因为HPV感染并不影响胎儿的发育，也鲜有母婴垂直传播的例子，怀孕阶段无从治疗。我不知道医院开设这项产检的目的何在，只想劝慰各位HPV（人乳头状瘤病毒）检查结果呈弱阳性的准妈妈，这可不是引发子宫颈癌的必要条件，它和感冒病毒一样常见，只要哺乳期过后记得复查，你很快就会发现这是虚惊一场。

应该定期进行
宫颈防癌检查

张大夫说

TCT也称宫颈防癌检查，是目前最先进，也是和国际同步化的检测方法。TCT能够发现早期病变的细胞，较常规巴士涂片更准确，能够做到尽可能的早期诊断。这项检查做起来也很简单，医生会用窥具撑开阴道，用一个小小的毛刷在宫颈表面刷几下，就可以获取脱落细胞，装在特殊的小瓶中送去化验。

绝大多数宫颈癌的特点是先有癌前病变，再经年累月发展成癌症。这个过程非常缓慢，有的要经过十几年。防癌检查的目的就是尽可能发现早期病变，将疾病扼杀在萌芽中，避免发展成治疗棘手的宫颈癌。以下是做TCT的一些注意事项：

1.所有已经开始性生活的女性，即使不生宝宝，都应该定期检查TCT；

2.检查应该避开经期，检查前24小时不要阴道用药、阴道冲洗，禁止性生活；

3.为什么医生也会在孕期建议做TCT：很多女性在来医院生孩子之前，可能从来没有听说过，更别谈做这项检查了。对于很多不知道需要定期进行防癌检查这件事的女性朋友，生孩子可能是她唯一走进妇产科的机会，对于这部分准妈妈，产科医生会在孕期推荐TCT；

4.孕前做TCT最合适；孕期做TCT，怀孕的宫颈增大、变软，毛刷扫过宫颈以后可能会有轻微的出血现象，虽然不会导致流产和影响身体健康，但是会让一部分准妈妈心生恐慌。另外，一旦检查结果发现问题，例如宫颈的癌前病变，甚至早期宫颈癌，下一步的决策会让医生和孕妇都很挠头。所以，孕前检查绝对是做TCT的黄金时间。

补充叶酸

一般来说，补充单一成分的叶酸片即可，例如斯利安，药店都有卖的，很便宜，还有很多街道都免费分发。也可以选择含有叶酸的复合维生素片，例如金斯利安、爱乐维等。至于服用时间，最好能在怀孕前连续补充3个月，一直吃到怀孕后的头3个月。

我是怀孕一个多月后才开始吃斯利安的，办准生证时街道办事处免费发的那种。提前3个月吃叶酸片，我个人认为是见仁见智，实际操作中能有哪对夫妇有十足的把握可以在连续吃了3个月叶酸片后按时怀孕呢？而且我更相信食补，很多食物的叶酸含量都很高，比如菠菜、西红柿、花椰菜、草莓、樱桃、香蕉、猕猴桃等蔬菜水果，还有黄豆、核桃、腰果、栗子、松子等各类谷物坚果，瘦肉、蛋类、鱼虾、动物肝脏、豆类的叶酸含量也很高。总之孕期营养均衡的话，是不需要额外补充叶酸制剂的。

另外，提醒各位备孕的准爸爸们，在成功“中标”之前，你们也得注意补充叶酸。给准妈妈食用的水果蔬菜一定要新鲜，尽量少用盐水浸泡蔬菜，因为蔬菜贮藏2～3天后，叶酸会损失50%～70%；盐水浸泡过的蔬菜，叶酸的成分也会损失很大。

掌握排卵规律

熟知排卵规律最好的办法是坚持测量“基础体温”。

什么是基础体温

基础体温是指经过一夜的完全休息以后，早晨从熟睡中醒来，躺在床上，在未受任何外在因素（如运动、吃饭、情绪变化）影响的情况下所测得的基础代谢状态下的最原始体温。

基础体温的作用

最大的功能是预知排卵期，通常女性在来月经之前，体温较高，处于高温期；来月经之后，体温则相对较低，处于低温期。如果在24小时之内，体温增高了0.3～0.6℃，甚至更高，则表示处于排卵的状态。由于卵子的寿命大约为24小时，而精子的寿命可达到72小时，所以，在排卵前2天开始进行性爱，“孕”气最好。

基础体温怎么测

把体温计（建议使用专门的基础体温计）放在床边容易拿到的地方。第二天早晨睡醒后先不要做其他事情，将体温计放到舌下，闭上嘴大约5分钟，然后把体温数值记录下来就可以了，最好每天记录，且记录的时间要固定。

提高备孕成功率

如果双方的身体条件没问题，提高备孕成功率的关键其实就看时机和体位。

先说时机：

一个卵子从卵巢释放出来后，生命只有24小时左右；精子的生命力要强一些，有48～72小时。可见，把握住排卵时机就能极大提高备孕的成功率。之前有很多人用过体温检测法，但体温的细微变化实在很难确定。更多的人是采取排卵期隔天ML，但精子的成熟周期是在72小时左右，也就是说，隔两天〇〇××才能最大程度保证精子的质量。

很多姐妹会购买排卵试纸来掌握“好孕”的时机。当排卵纸显示弱阳性的时候，表示28小时之内会排卵，显示强阳性则表示14小时之内会排卵。虽然大家普遍公认例假的前七天和后八天是安全期，其他日子才有可能排卵，但事实并非完全如此，我和沈先生只在月经后第一天非安全作战，且是唯一一次，结果就中招了。所以，不要相信什么安全期，女方什么时候排卵都是有可能的。

再说体位：

首先，丈夫应该尽力配合，尽可能深入地释放出精子，帮助他的精子缩短到达卵子的距离。与此同时，释放完之后应固定一会儿姿势，以免“撤退”时浪费许多精子。至于女性，可先保持仰位，腰下塞上枕头，脚跷高点，放在床头栏杆上，保持5～10分钟。之后，慢慢翻身，跪趴在床上，枕头放在胸腹下方，臀部翘起，同样保持5~10分钟。

以上是我一个深究其道的朋友贡献的良方，希望能帮助到计划怀孕的兄弟姐妹们。

怀孕，是愉快的床上运动的副产品

张大夫说

想怀孕的健康小夫妇，做个孕前检查，如果一切正常安好，解除避孕，然后同睡同起。女性月经干净后，要保持规律的性生活，最理想的频率是每周两次，这是协和医院著名的试管婴儿专家邓成艳教授开给很多前来求取“生娃秘方”夫妇的最佳“处方”之一。

很多有文化、会上网、爱学习的小青年会学到一些判断排卵时间的方法。他们经常告诉我，这个月里，把所有的精力都集中在他们认为会排卵的那一天了，怎么就没怀上呢？其实，这样做并不合适，一是精子在男性体内存留太久，不“新鲜”了，而且，不论是测量基础体温，还是使用市售的各种测排卵试纸，在具体操作使用以及判断真正排卵日的过程中，非专业认识总会进入各种各样的误区，反而错过了真正排卵的日期。所以，规律、适度的性生活，能够保障没有健康问题的小两口在一年之内怀上宝宝的。

打算怀孕的夫妇通常会提前一段时间增强体质，锻炼身体、戒烟、戒酒，尽量保持良好的生活习惯和作息时间，即所谓的“封山育林”。这是值得大力提倡的，要是怀上宝宝以后，还能把这些好习惯保持下去，应该是能够受益终生的。

需要提醒大家的是，这种“封山育林”执行起来也不要太刻板，或者太教条。若有实在躲不过去的应酬，或者实在难熬，偶尔一根小烟儿，一杯小酒儿，不碍大事儿的。女孩子也没必要天天测基础体温测排卵，把怀孕这件事儿弄得跟如临大敌似的。

记住，孩子是愉快的床上运动的副产品，如果以上方法操作一年未果那是“不孕症”，是病，就不是自己测测排卵或者性生活后屁股底下垫几个枕头、把双腿举高能解决的问题了，需要去看大夫。而且，夫妻双方要一起去检查，不孕症的女性因素占40%～55%，男性因素占25%～40%，切不可把错都推在女方身上。

二、关于防辐射服

买不买防辐射服，我的终极看法是：心里安慰多于实际效用。

上孕妇学校时，很多准妈妈会抱怨自己的工作环境不好，什么一人一台电脑，复印机、打印机。我当时很想安慰她们的是，看看我和沈先生的工作环境，就发现什么笔记本电脑、一天8小时屏幕作业、什么15寸超大屏幕都是浮云。

我和沈先生工作在几百台电脑同时运作的大平面（跟电视里那些日本企业的工作平面有点类似，只是隔间更多点，空间更逼仄点）。工作室是我们每人占据1个小隔间，1个小隔间里分摊2个机身，3个15～17寸的电脑屏幕，1部电话机和1部电视机顶盒，不到5米处还有一部传真机、复印机和电视机，我们头上顶着的是据说辐射比电脑厉害得多的一排排强光灯。

上班采取的是白班夜班轮换制，即我在怀孕的很长一段时间，夜里也依然在为祖国的新闻事业战斗着。下班回到家后，作为VDT知识女性（其实是重度网络依赖症患者），我仍时不时要对着电脑，看看豆瓣、逛逛博客、玩玩游戏，放松放松心情。

孕妈妈专用词典

VDT知识女性： 医学研究者通常把长期使用电脑的女性，称为视屏作业女性。VDT即video display terminal。

按照很多辐射厂家的说法，像我这样的人简直快要被辐射辐死了，还有什么资格和胆量生娃？也有国外研究发现，受孕后头3月每周使用VDT超过20小时的孕妇，自然流产率高于一般的孕妇，胎儿先天性缺陷的风险也随之增加。

秉着买一件辐射服，要比跟领导申请调离岗位的难度要小得多的想法，我最终抵挡不住各方滚滚而来的劝诫声，去商场买了一件小S代言的防辐射吊带，穿在外衣里面。我在广大身着孕妇标志性着装——防辐射服的准妈妈们中间，的确像一个异类，因为没有哪个看得出我的平常装束里竟然塞进了一件不显山不露水的防辐射服。

于是，我把它从春天穿到夏天，从纯银色穿到酱菜色，却再也找不到继续穿它的理由。因为我很早就发现这些价格不菲的防辐射服使用标签都标明“No Wash（勿洗）！”。在余下的三分之二的孕期里，我都没有继续穿那件纯粹是为了美观的吊带防辐射服。因为我深信那项国外研究最后所言：“我们的研究结果并不能证明VDT产生的电磁辐射与流产率提高之间有直接联系，较差的工作条件和较高的工作压力也是可能的因素。”我想，孕妇不宜在电脑前待太久主要还是为了防止因过度用眼、坐姿太长等引发的体力不支、疲劳不适。把祸害祖国下一代的罪名统统安给“辐射”，实在太不科学了。

实际上，防辐射服本身的作用也很难界定。记得我在商场选购防辐射服的时候，曾试过把手机放在号称能挡热辐射、电磁辐射、放射性辐射、电波辐射等百分百防辐射围裙里，结果手机在那特制裙子里仍然响得跳起。此外，市面上可见的产品多为国产，属于“中国特色”，国外根本没有防辐射服这一说，更没有相关的行业规范，所以难以保证这些Made in China的厂商资质。

至于日常生活中常用的手机、微波炉、电风吹等其实比电脑和电视产生的辐射还要高一些。但也不必为此恐慌，它们产生的辐射频率也不大，尽量少用就好，不是说用了这些东西孩子就作废了。

当然，我说的并不包括长期从事放射性工作的特殊人员，他们有其专业的防辐射措施。平日里最多只和电脑打交道的准妈妈们，如果抱着穿了防辐射服总没有害处，穿了在乘地铁公车、工作时被标注成“孕妇”更能受到优待的想法，穿穿也无妨。

三、关于孕吐和孕早期饮食

对于孕吐的成因，至今没有特别权威的定论。有的说是胎儿在向母体传递其存在的信息，有的说是母体自身发出调整饮食的信号，有的说是母体激素增加引起的正常生理反应。而每个孕妇的孕吐程度和持续时间都不尽相同，一般出现在怀孕第6—12周，有的准妈妈第5周就发作了，有的会延续到整个孕期结束。作为堂堂的大胃黄，我深受其害，受孕的头3个月经常感到反胃、恶心、食欲不振，特别是清晨起床的时候。

那么如何对付折磨人的孕吐，尤其是晨吐，我来谈点感受和心得：

心理疗法

各位准妈妈在孕早期一定要明确一个概念，就是这一时期的胎儿主要处于器官形成阶段，对营养的需求相对后期要少，并不需要母体提供额外的营养，无须对胎儿的营养吸收产生过重的心理负担，也不必特意纠正孕吐期间的偏食习惯，且多数呕吐症状会在妊娠12周左右自行消失。

此外，很多准妈妈在孕早期因为整天吃不下饭，心情烦躁，体力欠佳，就选择不上班，或宅在家里啥事不干，这反而不利于准妈妈和胎儿。除非有先兆性流产的症兆，医嘱必须卧床休息，如果准妈妈多出去走走、听听音乐更有助于分散对胎儿注意力，缓解因初次怀孕产生的紧张情绪，而且适量的活动还有助于消化，增加食欲。

在这点上我是深有体会的，人来疯的性格特征大大利于我忘掉初怀时的不适。周末在家还喊爹喊娘、这痛那晕的，上了班就跟打了鸡血一样，生龙活虎、干劲十足。同事都以为我怀孕怀得超级轻松，纷纷表示年轻就是不一样。殊不知，我也经常吐得人仰马翻，吐完了回到工位上照样谈笑风生。同事问我秘诀，我说："一切因怀孕产生的生理不适都是纸老虎，你越把它当成一回事，它越要作祟。"所以，放轻松是准妈妈们对付孕吐最有力的武器，孕妇背负的心理压力越大，妊娠反应就会更加严重。

"就当减肥呗。"吐得难以进食的你可以这样安慰自己。

饮食疗法

在胃口不佳的阶段，准妈妈们只要想吃什么，就吃什么；不必拘泥于什么可以吃，什么不可以吃，也不用遵循固定的用餐时间，少吃多餐，随身携带一些饼干点心和水果蔬菜，细则如下：

1.尽可能选择自己喜欢的食物，吃不下也不必勉强自己，能吃一点是一点；

2.食物以清淡、易消化吸收为宜。如一些促进食欲的食物：番茄、黄瓜、香菇、平菇、苹果等，它们色彩鲜艳，营养丰富，易诱发人的食欲；

3.多吃富含B族维生素的谷类食物，如大米、面粉、小米、玉米、燕麦等；

4.多喝奶类以及多吃一些奶制品，如果因体质问题喝牛奶胀气的话，也可以换成酸奶；

5.多吃富含优质蛋白质的食物，如鸡肉、瘦肉、蛋类、鱼虾等。如果不喜欢吃这些食物，可用豆制品、干果类、花生酱、芝麻酱等植物性蛋白质食物来代替；

6.注意吃富含维生素和矿物质的新鲜蔬菜和水果，不宜长久饮用市售包装的果汁，以防因储藏太久不新鲜造成身体不适；

7.注意远离有感染弓形虫等风险的火锅和有刺激性、容易引起兴奋的咖啡等饮品。

特殊疗法

1.早上起床时动作要缓和，可先吃点饼干面包等，避免空腹；

2.呕吐特别剧烈的准妈妈，应检查酮体是否呈阳性。如是，可到医院接受输液治疗；

3.在医生的指导下，补充维生素B6（注意：医学上来说维生素B6具有镇静、止吐作用，服用后可以帮助准妈妈减轻早孕反应。但要注意服用的剂量，不宜大量或较长时间服用维生素B6，以免产生副作用）；

4.用生姜片涂嘴唇，或者嘴里经常含一些柠檬、酸梅等小食品，可以帮助减轻孕吐反应。

四、关于○○××

在孕早期，夫妻性生活是被严令禁止的。虽然我和沈先生在不知道已怀孕的情况下，也亲密接触了几回，但必须提醒各位准爸准妈，这种行为极其冒险，非常容易刺激子宫，引起流产。等过了3～4个月，胎盘发育完成，小宝宝在肚中扎营安稳，还是可以科学适度地进行这项有益于夫妻身心健康的运动。

为此，我专门搜集了指导孕产期间指导夫妻性生活的图示，供姐妹们参考（参见拉页）。

注意事项：请准爸爸一定要给予准妈妈充分的温柔和理解！妊娠中，准妈妈的阴道和子宫黏膜的血管会变粗充血、容易受伤、出血，因此○○××时一定要慎重、慎重再慎重。不要用不合理的体位进行性交，更不能粗暴、标新立异地玩什么花式。注意因○○××造成的细菌感染，别把指甲藏有大量细菌的手指插入准妈妈的体内，这会造成不可弥补的不良后果。

当准妈妈进入到妊娠最后3个月，也请各位“性情中人”克制○○××，避免子宫兴奋引起的早产。

五、关于计划生育证和母婴保健手册

简单介绍一下我的情况，我和沈先生在北京同一家事业单位工作，单位集体户口，也就是俗称的双职工。感谢国家，我们给娃上合法身份的时候没有遇到额外的阻挠。

计划生育证

即传说中的“准生证”，主要作用是给未来的小孩上户口，每个地方的规定和个人情况不同，程序也不同。我走的办证流程如下：

1.怀孕后，向部门人事办工作人员说明情况，确定宝宝为头胎。

2.在单位“精神文明办公室”（主管计生工作），领到一本《北京市生育服务证》，即准生证。填完若干基本情况，“生育服务证登记”那页请夫妻双方单位的主管计划生育事项的工作人员填写并盖章。如果男女双方不在同一个单位，那就需要分别去各自的单位盖章了。

3.在女方户口所在地的居委会办“孕情通知书”，并盖章。携带的证件包括：准生证、结婚证、男女双方身份证、男女双方户口本。后三个要同时带原件和复印件。

4.居委会看过所有东西后，会盖第三个章。并开一份证明，用来办母婴手册。

牵牛妈友情提示

1.双方如果有一方不是北京户口，还需在其非北京户口所在地街道出示的婚姻生育状况说明，有三级证明，包括：

（1）需盖村或居委会章；

（2）需盖镇或街道办事处计划生育章；

（3）需盖县或区计生委章。

注意：很多人办准生证办了很久都办不下来，就是卡在这个证明上。所以在办理手续前最好提前打电话给办理部门，问齐材料要求和办公时间，免得跑冤枉路。

2.准生证可以非女方本人办理，交由丈夫、父母代办都可以。

母婴保健手册

又称《××市母子保健健康档案》，是给孩子打针用的。有一项内容需要孩子出生的医院医生填写（注意办母婴手册，必须有准生证，后补的话，可能会耽误孩子打针）。具体办理流程如下：

1.需要带的东西：准生证、双方身份证、女方户口本、居委会开的证明、60～100元不等的押金（在孩子出生后交回母婴手册时会退还）。

2.地点：户口所在地的妇幼保健医院。每个地区的指定保健医院不一样，具体请咨询户口所在居委会。

3.宝宝出生后，居委会和社区医院会打电话回访；社区医院会有专人定时上门探望产妇和宝宝的健康状况（此项是收费的），并告知抚养宝宝的注意事项，对新爸妈进行基础育儿辅导。

4.待宝宝42天后做完检查后就可以开始在社区医院打各种预防针了（大多数免费）。

PART 2

孕中期 4-7月

大胃黄的雄起

度过孕早期一个最明显的标志，就是我的好胃口又回来了。这实在是一件可喜可贺的事，我再也不用工作到一半，躲到厕所里去狂吐，面对一桌子香气四溢的美味佳肴，捏着鼻子举不动筷子。

在这个怎么吃都不过分、怎么吃都彰显母爱的特殊时段，可以打着“为娃好”的旗号胡吃海喝实在是这个世界上最令人爽气的事情：

遥想学生时代，点了2两米饭2荤2素，从一个个一顿只吃一个苹果、体重比你轻10斤、身高比你高10cm的女生间穿行，却依然抵不住来自胃部无穷无尽的欲望，只能边吃边骂自己“体重超过三位数的女人没有前途”。

遥想未婚时期，和男同志出去吃饭，多点一个菜都觉得不好意思，只能趁对方大谈人生、大谈理想的间隙，瞄准桌面上为数不多的几盘精致小炒，以迅雷不及掩耳之势扫掉大半，餐毕还要摸着半饱的肚子惺惺作态地说“够了，够了”，眼光却不时瞄向邻桌某盆热气腾腾红烧肉时的羞愤难当。

到了人生这个时刻，还有什么能够阻挡我到处觅食的步伐？通常，我一顿的食量（不算饮料）是：12寸披萨+田园沙拉or一份牛排+一份葡国鸡肉+一份千层面or一个半真功夫套餐。半夜饿醒起来翻箱倒柜地找面包充饥、强迫沈先生去厨房下碗面条也是常有的事。那些有幸在食堂目睹我犹如饕餮附体，横扫数盘热菜飒爽英姿的同事们，摸着我的肚子一脸惊恐地问：“你确定你的肚子不是吃出来的？”

虽然孕妇学校的老师反复跟我们强调，孕期也要适当控制饮食，什么“一个人吃两人的饭”是错误的观点，可我吃的明明不是两人份，而是三人份。好在肚里的货，大大遗传了我优良的大胃基因，处理了我吃的大半食粮。大胃黄并没有因为在怀孕期间胃口大开、美食放禁，就不可救药地吃成了一个庞然大物。

沈先生说我上辈子一定是饿死的天使，所以这辈子才这么能吃，我说，上辈子我和我的孩子都是饿死的天使，请他务必珍惜。

半小时后，这一桌的食物基本被这个怀孕26周的女人扫光了……

孕期体重增长标准

我记得在网上论坛看过一个在日本产检的MM写过日本对于孕妇的体重管理：每个月只许长2斤，整个孕期的体重变化不能超过18斤。日本的准妈妈去产检时一旦发现超重就得挨医生的骂，所以那边的顺产率非常之高。此外，日本人不喜欢过胖过重的胎儿，认为标准体重（5斤半到7斤内）的胎儿，大脑沟壑往往更多，也更聪明。

无论他们的说法合理与否，站在科学孕产的角度，孕妇体重过重确实会增加产生并发症的风险，给顺产带来阻碍。所以，在孕中期和孕后期恢复食欲的准妈妈要注意饮食，切不可暴饮暴食，否则会给妊娠带来不可估量的影响。目前，国内的孕妇体重标准如下：

孕妇标准体重及其构成

孕期体重增加不应超过12千克（这是在标准体重的情况下，标准体重=身高-105，在这个基础上可上下浮动10%均为正常体重），如果孕妇体重低于标准体重超过10%，孕期增加14～15千克视为正常，孕期体重超过标准体重20%的，应增加7～8千克为正常。在增加的这12千克中，胎儿的体重占3千克左右，胎盘和羊水占2千克左右。

怀孕各期体重增长不同

从怀孕的进程上来说，孕早期胎儿生长发育比较缓慢，孕妇的机体还处于生理调整过程，这时对膳食中的热量需求与孕前基本一样，无须急于增加营养。到了孕中期以后，孕妇早孕反应停止，食欲大增，胎儿生长发育加快，还有母体血容量增加，孕妇子宫和乳房的增长，还有脂肪的储存，增重加快。孕晚期主要是胎儿和胎盘，还有羊水的增加。

怀孕各期的标准体重增长

最理想的体重增长是在孕早期（怀孕3个月以内）增加2千克，中期（怀孕3～6个月）以及末期（怀孕7～9个月）各增加5千克，前后共12千克。如果整个孕期增加20千克以上或孕妇体重超过80千克，都是危险的信号，应密切观察。

牵牛妈现身说法

我整个孕期只增长了20斤不到，体重曲线也基本按照上述标准进行增长的。很多人问我保持孕期体重的秘诀，我真说不出个所以然，可能每个人体质不同，所需和吸收的养分也不同。

我的产检指标一直很正常，没发生过贫血和高血糖等异常情况，基本靠食补，而不是某种特定的营养品。钙片我吃了容易便秘；善存片太大吃起来哽得慌；玛特纳和福施福我吃了经常反胃，索性吃吃停停，断断续续各吃了不到一个月。加上我一直不挑食，什么都吃，比较注意营养搭配，每天吃的东西也不爱重样，所以自信不存在某种营养素匮乏的情况。况且任何一种营养制剂补充过量都会有起反作用的嫌疑，还是新鲜食物最安全也最容易被人体吸收。

至于我的伙食，跟普通人没有太大不同，唯一特殊的可能是海鲜吃得比周围的北方孕妇多。这缘自我在海边长大，对深海鱼虾有很深的味觉依恋，为了解馋，我总会想尽各种名目：一会说海参是最好的蛋白质营养品，一会说吃海鱼富含DHA会让宝宝聪明。但我吃，纯粹是因为想吃，并不是真相信哪一种食物能囊括孕期所需的全部营养，也没有因怀孕刻意调整饮食内容。眼见许多孕友跟吹气球一样身形暴涨，我由衷感觉在物质充裕的大环境下，准妈妈更应该注意的是控制饮食，防止营养过剩，以免体重增长太快对顺产不利，也对产后恢复不利。

现在市面上各种孕产饮食指南那么多，什么说法都有，互相矛盾的观点更是层出不穷：有的说孕妇不宜吃海鲜，有的说多吃核桃有利于孩子的毛发和智力的发育，有的说孕妇吃燕窝能够提高抵抗力，有的说孕妇必须吃钙片，有的说不可以吃山楂红薯……我相信每种说法都有其一定的道理，但并不一定适用于每个独立的个体，每个准妈妈的体质和饮食习惯都不同，对营养的需求也不尽相同，孕期到底应该吃什么，我想谁也不能给出一个放之四海皆准的答案。

我更倾向于这一种说法，就是你身体里缺什么，就会特别想吃什么。所以，各位准妈妈们没有必要勉强自己去参照谁谁谁的饮食秘方，适合他人体质的食物并不一定适合你，切勿听说某种食物对宝宝特别好，就强迫自己拼命吃，单一一种食物的过量摄取反而会对胎儿起反作用。准妈妈们要尽量做到营养的均衡摄取，当不知道怀孕该吃些什么，吃什么对孩子最好又不容易发胖时，听从自己的胃口，未尝不是一项更为轻松愉快的选择。

至于我食量惊人，却也没有增重惊人，可能因为：（一）本来我的食量基数就大。前文说了，我在“胖子没前途，你心灵再美也就是个好心肠的胖子”等各种减肥标语前一直表现无力，从未“振作”地进行节食。怀孕后加上肚中的吃货，食量显得更为“壮观”。但这个食量变化是一个顺其自然的渐进状态，而不是突然从一个“吃很少”的极端走到另外一个“暴饮暴食”的极端，所以身体能够顺应这种变化，没有一下子走形得离谱。（二）和我一直以来的饮食结构有关。广东人喜欢吃饭先喝汤，口味较为清淡，对厚重淀粉和大碗、单一的米饭面食战斗力弱，爱吃不怎么容易引起发胖的鱼肉蔬菜和水果。此外，我一向不好薯条、土豆片、瓜子、爆米花等女孩子们喜闻乐见的膨化休闲食品，做饭也基本不放酱油和很重的盐。一天虽然要吃上7顿，但每顿都不爱重样，也鲜见腌渍、油炸食品。（三）我坚信，肥胖来自基因更甚于懒惰。一个基因注定的胖子，无论在饮食上怎么控制，也难以扭转容易发胖的事实。同样，一个基因注定的瘦子，即便在孕期长了60斤，也会在产后迅速瘦回到从前的体重。所以各位准妈妈，不要对怀孕带来的身形变化太过纠结，那个从前腰身1尺7生完孩子2尺7的大妈，她可能本该就是个胖子，只是为了瘦，付出了比常人更多的毅力和艰辛。

当然在饮食上，也不能太“无为而治”，毕竟孕期乃至哺乳期都是女性特殊的生理时期，膳食结构应比普通人要求得更为科学、更为严格。

孕期合理膳食结构

为保证胎儿的生长发育的物质基础，最好能保证孕妇每日膳食中六大营养素（蛋白质、油脂、糖类、维生素、水和无机盐。主要来自八大类食物：谷类、蛋类、奶类、根茎类、肉类、鱼虾和贝类、豆类、干果类、蔬菜和瓜果类）的合理搭配。

很多营养学资料显示，如果一个人能在一天之内摄入20多种食材，量少而种类繁多，少放油盐等调料品，无疑是最科学的营养摄入方法。另外，每周加食1～2次猪肝、海带、紫菜、虾米皮等，则有利于钙、铁、碘等物质的补充。举例，孕妇一天应摄入：

米、面、粗粮等主食 300～400克
鸡蛋1～2个，牛奶或豆浆1～2杯
豆腐或豆制品50~100克
新鲜蔬菜（绿叶菜为主）500~750克
植物油 25~30克（大约2匙）

我也根据目前很流行“一二三四五”的健康饮食法，制定了我自己的孕妇食谱：

水一种：每天晨起先喝一杯白开水。相对于果汁等其他饮品，白开水是最好的水分补充。矿泉水和纯净水也替代不了开水，因为矿泉水的矿物质成分单一，纯净水的矿物质被净化掉了。

奶类一种：每日一袋奶是我在怀孕后特意增加的饮食内容。牛奶、酸奶、孕妇奶粉任一一种奶制品都可以，每天至少摄入500毫升。这个习惯一直持续到哺乳期结束。在孕期加大对钙的摄入，我觉得还是很有必要的，因为正常每人每天需要800毫克钙，而孕妇和哺乳期妇女则增至1500毫克。很多宝宝出牙的早晚都取决于妈妈在孕期和哺乳期提供的钙，而从母体摄取的钙也最易被宝宝吸收，对于准妈妈自身来说，不及时补充身体流失的钙，很容易造成小腿抽筋、骨质疏松等不适。

曾有姐妹问过我对孕妇奶粉的研究，说实在的，我确实买了罐据说特别“能增肥、增肚”的孕妇奶粉来改善我小肚婆的窘境，但后来实在受不了那股腥气，喝了不到半桶就作罢了。根据孕友们在网上的反馈，孕妇奶粉还是很有营养的，不然怎么那么催肥呢？

应季水果两种：最好在饭前一小时或饭后一小时进食，以当季当地的水果为佳。大棚种植的和冰冻的储藏水果怕有不新鲜之嫌。血糖偏高和过度肥胖的准妈妈要注意控制糖分含量大的水果（如香蕉、哈密瓜、木瓜、水蜜桃等）的摄入。

高蛋白食物三种： 每天要有三份，可在50克瘦肉、1个鸡蛋、100克豆腐、100克鱼虾、100克鸡鸭、25克黄豆中任意选择。比如早上吃了一个荷包蛋，中午吃一盘肉片苦瓜，晚上吃100克豆腐或100克鱼。在这项食物列表里，我要大力推荐海参和牛尾牛蹄筋，记得我妈妈生病化疗那会，胃口很不好，白细胞一直很低，抵抗力自然很差，医院里的营养师就建议我们多吃海参和牛尾牛蹄筋，前者是含高蛋白且不容易被添加剂等污染的深海食品，后两者能够增强气力，提高免疫力。吃了一段时间后，我妈妈的白细胞果然有起色，让我“迷信”至今。

蔬菜四种：以当季当地的新鲜蔬菜为佳，绿叶菜类瓜类萝卜类和西红柿、豆类等各选一种。虽然我算比较抠门的主妇，但我很少吃剩菜，尤其是超过三小时的绿叶剩菜，因为存放过久会产生大量亚硝酸盐，据说易致癌。除此之外，我很提倡去菜市场买菜，一是便宜新鲜，二是菜市场卖的是当季的菜，超市里卖的是四季的菜，难以辨别哪样为当季。

坚果四种：核桃、花生、葵花子、西瓜子、开心果等。本不爱吃零嘴的我，为了娃也在上班看电视的间隙，养成了嗑各种果壳类零食的习性。

粮食五种：五谷杂粮，如小米、大米、小麦面、玉米面、黄豆、红豆、绿豆等。我经常是头一天晚上任选五种粗细粮搭配好，第二天早上用豆浆机打成糊粥当早餐，即营养又简单。

大夫说只要没毒的都能吃

这确实是我在进行某次产检时，絮絮叨叨询问大夫有什么饮食上的注意事项时，她告诉我的。当时我拿了一个写满食物列表的小本本，像麦兜买鱼丸粗面一样，不厌其烦地一项又一项地向其咨询：

“大夫，我现在怀孕了，能吃火锅吗？”

“可以，但油腻辛辣的尽量避免。”

“大夫，我特别想吃螃蟹，行吗？”

“可以，如果有过敏症状及时就诊。”

“大夫，我都好久没喝可乐了，可以喝吗？”

“可以，不要过量就行。”

“大夫，我可以吃桂圆吗，有人说上火？”

“可以，哪有那么多火？”

“大夫，有人说吃兔肉宝宝会唇腭裂？”

“胡说八道，那吃鸡肉还长鸡毛了呢！”

……

“大夫，那我有什么是不可以吃的吗？”

“只要没毒的都能吃。”

我觉得每个孕期妇女多多少少都有这么神经质的时刻，生怕自己一丝一毫的举动会伤及肚中的宝宝。经常会在网上看到“宝宝对不起，妈妈实在忍不住喝了杯可乐”这样的赎罪帖，在产检时也有不少特别敏感的准妈妈像我一样追着医生问这问那。

面对过分担忧、谨小慎微的准妈妈们，也许医生们心里很清楚，她们更需要的是宽慰，而不是来自专业权威方的“危言耸听”。通俗地说就是“姐寻求的不是知识，是安慰”。是在一个又一个想吃又不敢吃的食物后面画上“√”，如同被取消了多项罪名时的释怀。

在这里，很感谢那位大夫的耐心，每天迎来送往的解答这些用大拇指都能思考出来的常识问题，该需要多么大的爱心和专业素养？而且也不会真有孕妇拿了“什么都可以吃”的令牌，专挑那些有争议的孕期食物猛吃吧？

正如宝宝们不会因你吃了某种营养品就聪明非凡了，也没有哪种常吃的食物，会给胎儿的健康造成翻天覆地的影响。想想咱爸咱妈那会，哪有什么孕期食物禁忌一说，还不是逮上什么吃什么，想吃什么吃什么，咱不也是活蹦乱跳的吗？

所以，在吃的问题上，各位准妈妈真没有必要搞得那么严肃紧张。想吃就吃，而且要开开心心地吃。那些所谓的孕期忌讳食物不小心吃了也就吃了，没有什么比孕期保持轻松快乐的心情对你和宝宝更重要了。

牵牛妈现身说法

孕期食物“黑名单”

螃蟹：味道鲜美，但其性寒凉，有活血祛瘀之功，故对孕妇不利，尤其是蟹爪，有明显的堕胎作用。

牵牛妈：这个，这个，我有一次一连吃了四只蟹爪，两个蟹身！！！不过啥事没有。

甲鱼：虽然它具有滋阴益肾的功效，但是甲鱼性味咸寒，有着较强的通血络、散瘀块作用，因而有一定堕胎之弊，尤其是鳖甲的堕胎之力比鳖肉更强。

牵牛妈：这个，怀孕期间我倒真没吃过，看起来就瘆得慌。

薏米：是一种药食同源之物，中医认为其质滑利。药理实验证明，薏仁对子宫平滑肌有兴奋作用，可促使子宫收缩，因而有诱发流产的可能。

牵牛妈：当时我妈经常拿薏仁炖甜水给我喝，直至有一天我看到这份资料……不过吃了这么多，一点不适都没觉出来。

马齿苋：它既是草药又可做菜食用，其药性寒凉而滑利。实验证明，马齿苋汁对于子宫有明显的兴奋作用，能使子宫收缩次数增多、强度增大，易造成流产。

牵牛妈：这个是什么菜？完全不认识。倒是宝宝出生后，有一次腹泻，公园里的大妈大婶们建议用它给宝宝煮水喝，据说该草药对痢疾杆菌、伤寒杆菌和大肠杆菌有较强的抑制作用，可用于各种炎症的辅助治疗，素有“天然抗生素”之称。

罐头食品：罐头食品在制作过程中都加入一定量的添加剂，如人工合成色素、香精、防腐剂等。尽管这些添加剂对健康成人影响不大，但孕妇食入过多则对健康不利。另外，罐头食品营养价值并不高，经高温处理后，食物中的维生素和其他营养成分都已受到一定程度的破坏。

牵牛妈：罐头食品，准妈妈当然要Say “NO”啦！

菠菜：人们一直认为菠菜含丰富的铁质，具有补血功能，所以被当做孕期预防贫血的佳蔬。但菠菜中含铁不多，而是含有大量草酸，后者会影响锌、钙的吸收，从而影响胎儿的生长发育。

牵牛妈：关于菠菜在孕产界的争议，真是前所未见的激烈啊，我看过有不下10份资料鼓吹它补铁的优点，也有不下10份的资料指责它对钙锌吸收的破坏力。其实有那么严重么？不就是某种绿叶菜吗？

巧克力和山楂：过多食用巧克力会使孕妇产生饱腹感，从而影响食欲，并造成发胖；山楂对子宫有兴奋作用，孕妇过食可使子宫收缩，可能导致流产，故要少吃。

牵牛妈：巧克力吃过，山楂也不少。山楂有多开胃！吃巧克力又有多开心啊！你们懂的。

猪肝：芬兰和美国已向孕妇提出了应少吃猪肝的忠告。因为在给牲畜迅速催肥的现代饲料中，添加了过多的催肥剂，致使高含量的维生素A在动物肝脏中大量蓄积。孕妇过食猪肝，大量的维生素A便很容易进入体内，对胎儿发育危害很大，甚至会致畸。

牵牛妈：以现在国内的食品安全水平，我也觉得过多食用猪肝和用添加剂催肥出来的肉类食物都不健康不安全。但严重到致畸，我想也没有那么可怕吧？有的孕妇学校还强烈建议准妈妈食用猪肝呢。还是那句话，适量就好。

久存的土豆：土豆中含有生物碱，存越久的土豆生物碱含量越高。过多食用这种土豆，可影响胎儿正常发育，导致胎儿畸形。当然，人的个体差异很大，并非每个人食用后都会出现异常，但孕妇还是不吃为好，特别是不要吃长期贮存的土豆。

牵牛妈：可怜的土豆啊，怎么就那么悲惨，大家一定要看清楚，是“久存的土豆”，有“久存”这一前置词，好在我也不怎么喜欢吃淀粉含量高的食物。

热性作料：孕妇吃热性作料，如小茴香、八角、花椒、胡椒、桂皮、五香粉等容易消耗肠道水分，使胃肠分泌减少，造成肠道干燥引发便秘。发生便秘后，孕妇必然用力屏气解便，使腹压增加，压迫子宫内的胎儿，易造成胎动不安、早产等不良后果。

牵牛妈：这点我支持，我做饭就不爱放调料，我们一家都是。

味精：味精的主要成分是谷氨酸钠，血液中的锌与其结合后便从尿中排出，味精摄入过多会消耗大量的锌，导致孕妇体内缺锌。而锌是胎儿生长发育之必需品，故孕妇要少吃。

牵牛妈：健康饮食，从远离味精做起。

桂圆、荔枝和石榴：前两者性温热易致胎热；后者，贫血者要少吃。

牵牛妈：桂圆（又称龙眼）和荔枝，是热带水果，岭南偏多，在北方的准妈妈自动“御免”。至于石榴，禁忌对象单指贫血者。

腌渍酸菜：含有亚硝胺，可导致胎儿畸变。

牵牛妈：有那么几个早上，吃白粥配了点咸菜，善哉善哉……

浓茶：英国的一位医生发现茶叶中含有不少氟化物成分，一杯浓茶中氟化物含量可达1.25毫克。如果用来喂养孕鼠，则发现所生小鼠有骨骼方面的畸形。氟对胎儿的危害虽然尚未肯定，但还是不饮浓茶为好。孕期饮浓茶，不仅易患缺铁性贫血，影响胎儿的营养物质供应，由于浓茶内含有咖啡因，还会增加孕妇的心跳和排尿次数，增加孕妇的心脏和肾脏负担，有损母体和胎儿的健康。

牵牛妈：孕期偶尔喝一些淡茶应该没事的，在福建、广东很多地方，孕妇也不忌茶水。

咖啡和可乐型饮料：咖啡和可乐的主要成分为咖啡因、可乐宁等生物碱，是一种兴奋中枢神经的药物。据测定，一瓶340克的可乐型饮料中含咖啡因50～80毫克，如果一次饮用含量达1克以上的咖啡因饮料，就会导致中枢神经系统兴奋，表现为躁动不安、呼吸加快、肌肉震颤、心动过速、期外收缩及失眠、眼花、耳鸣等。即使服用1克以下，由于对胃黏膜有刺激，也会使人出现恶心、呕吐、眩晕、心悸及心前区疼痛等中毒症状。胎儿对咖啡因尤为敏感，咖啡因能迅速通过胎盘而作用于胎儿，使胎儿受到不良影响。有人对孕鼠注射咖啡进行实验经证实崽鼠易发生腭裂、脑膜膨出、脊柱裂、无下颌、无眼、骨骼异常、矮小、四肢畸形等现象。为了下一代的健康，孕妇应当慎饮或禁饮咖啡及可乐型饮料。

牵牛妈：白开水最好了，可乐和咖啡统统闪开。

酒：研究表明，孕妇饮酒是造成婴儿畸形和智力迟钝的重要原因。这是因为任何微量酒精都可以毫无阻挡地通过胎盘而进入胎儿体内，使得胎儿体内的酒精浓度和母体内酒精浓度一样。法国医学博士曾对127名有饮酒癖的妇女所生的孩子进行观察，发现他们都有共向的缺陷：单眼皮，即使双眼皮也不明显，鼻子扁平，内侧眼角眼皮外翻，脸蛋扁平且窄小，鼻沟模糊，上嘴唇薄且紧，下巴短。这种受酒精毒害、面部发育不健全的孩子约占饮酒母亲所生孩子的1/3。更为严重的是酒精对大脑和心脏的危害，孕妇饮酒导致婴儿患心脏病的约占30%。孕妇饮酒过多，生下的孩子不久就夭折的屡见不鲜。对死婴的解剖结果表明，其大脑体积不仅小于正常儿水平，而且脑发育不全或呈明显畸形状态。不少国家曾对胎儿期受酒精毒害的儿童进行智力测验，发现他们的智商都低于一般水平，大多数表现为反应迟钝、智力低下。

牵牛妈：酒对孕妇的危害性应该是有定论的，所以有了宝宝还要喝酒的准妈妈，绝对不是好妈妈。酗酒确实对胎儿不好，就像咖啡一样。但是这种不好不至于说喝了酒这孩子就不能要了。尤其是葡萄酒，有些西方医生甚至认为孕妇孕期少量摄取对胎儿有好处。

芦荟、藏红花和话梅：芦荟在非洲有些国家是用来打胎的；藏红花是一种顶级的调味品，但它属极寒性，对孕妇有极大伤害；有些孕妇怀孕吃话梅来解决呕吐不适，但话梅里含有很多有害物质，会在孕妇体内堆积毒素，影响胎儿发育。

牵牛妈：倒没听说过有人吃芦荟的，但祛痘的芦荟美肤产品倒不少。为求安全，准妈妈最好连这类功能性的护肤品都停掉；至于藏红花，看古装剧多的姐妹们应该都知道它打胎的功效；话梅，看来危害跟腌渍食物差不多，都是化学加工产品，含有一定的毒素，少吃为妙。

油条：制作过程中添加的明矾，容易致癌。

牵牛妈：我觉得无论含不含明矾，致不致癌，准妈妈对油炸食品还是敬而远之的好。

（以上大部分资料内容来自开心网的转帖，供大家参考，评论则是我自己原创的见解。）

但如果你真想吃大螃蟹，想吃得睡不着觉；真想吃冰激凌，想念到要哭，我想你若是能跟肚子里的宝宝商量，他们不会不同意的。说不定那些被刻上危害孕妇和胎儿健康罪名的蟹爪、桂圆、山楂、可乐、咖啡流们，就是肚中的宝宝们朝思暮想的食物呢。

关于孕期禁忌的食物，适可而止，适量而食——是我给每个准妈妈最真诚的忠告。

我的着衣口号：坚决不当机器猫

就像打破青春期某个欲盖弥彰的时间点，之前再高妙的掩饰也阻挡不了生理本能的变化，我的肚子在秘密安全地度过婚礼期后，一般的装束已经遮盖不住它突兀隆起的态势。

和很多倍感自豪的准妈妈不同，怀孕这件事在很长的时间内如同刻在我肚子上的莫名耻辱，让我难以启齿。虽然我已和沈先生顺利成婚，肚中的娃也有了合法的身份，但在很多场合，我都把自己搞得像那些刻意躲避狗仔队的大明星们，出门前总要对着衣镜费尽心思掩饰一番。

我的着衣口号是：“坚决不当机器猫！”

首先，就要剔除穿起来很像机器猫的防辐射服、背带裤等。

在前面的篇章，我已经具体陈述了自己对于防辐射服的观点。商场里的防辐射服无论是图示的背心型、短裙型还是长袖型，罩在外衣身上，都唯恐不让人知道自己是个孕妇。对于抱着能瞒多久就瞒多久的羞涩派准妈妈来说，这些明目张胆的防辐射服显然不在我的选择范围之内。

我后来选择的是吊带型的薄款防辐射服，倒不是在乎它的防辐射功

怕在书中有植入性广告之嫌，就不打出具体品牌了，懂得的孕友童鞋们可以去某台湾辣妈主持人代言的某孕产品牌店看看。

效，主要是它的款式实在不像一件传统概念的防辐射服，更像一件制料特殊的吊带，V字领口还有蕾丝边，可以搭配很多外衣。

至于很多准妈妈春秋冬季常穿的背带裤，也实在讨不了我的喜。倒不是我歧视这类相当实用方便的裤装，大概因为我那五短身材顶着一个球再包上背带裤，简直是一场视觉上的灾难！

其次，预备高腰、宽松的裙装和可调节裤等。

不得不承认，作为在单位和某些文艺场所也算有头有脸的妙龄少妇，臭美是必须的。

由于体形将会比平时丰满许多，每个准妈妈都会有添置服装的需要。针对怀了孕也勤于臭美的准妈妈购买群体，很多商家都会推出根据孕妇特殊体形设计的服饰，价格普遍不菲。

从持家的角度出发，这些昂贵的考虑到很多大尺寸的衣服在孕期结束后就没有用处了，因而不要盲目添置新服装，尽量利用衣柜里尺寸适宜的旧衣。

孕期的服装以宽松、舒适、美观大方为原则，穿得好看会让你心情更靓。但过紧的衣服会阻碍胎盘血液循环的畅通，腰、腹部的过度压力还会造成悬垂腹，引起胎位不正，严重时还会引起难产。所以像紧身牛仔裤、A字裙、旗袍等这些束腰勒肚的装束只能暂时搁置了。

本人因腿粗所限，向来喜欢穿裙子，怀孕时也不例外。苦其心志也要在保证小宝扎营舒适的情况下，将裙装进行到底：春天时不显怀，我穿波西米亚连衣长裙，根据室温冷暖，薄厚外套替换；漫长的夏季，随着肚肚长势喜人，什么日式宽松棉布裙、韩版高腰公主裙，以及质地优良的晚礼泡泡裙，都是我上班、逛街、聚会、主持文化沙龙时转移旁人注意力的遮肚功臣；到了秋冬季，我的肚子已颇具规模，内搭毛衣外加一件高腰厚板毛衣裙，下穿可调节长度打底裤和平底靴，外包羽绒服，保暖又舒适，平安度过了我的孕晚期。

这些原本就是家中常备的各类不勒肚裙装，好像专门为我怀孕而生，为我省去了大笔重新购置孕妇专用服饰的养娃本，简直是臭美准妈妈们的福音！

很多爱穿裤子不爱裙子的准妈妈也不必沮丧，许多孕妈妈用品店和淘宝商家都推出了大量可调节腰围长度的裤子，款式多样，包括牛仔裤、打底裤、缩脚铅笔裤等，供准妈妈根据肚围随时调整，上衣稍长点，根本看不出和其他裤款的区别。

还有就是内衣的选择。

这跟像不像机器猫倒没什么关系，只是从孕早期开始，我们的身体已经开始为哺乳在作准备，乳房普遍都增大了一到两个Size。我属于发育奇特的品种，C+罩杯，身高却不足160，按我婆婆的话说，我用来长

孕13周，主持一京城文化沙龙时的知性装束。台下观众完全看不出此白衣裙“少女”已经有了，后来肚子大了，我就把腰间那条装饰性的红皮带给解了——这条白色宽腰连衣裙陪伴了我整个夏天。

孕25周，我穿的是韩版高腰蓬蓬裙，完全不勒肚子——适合除了肚子大其他身体部件没有怎么发胖的准妈妈。

孕27周，这款蕾丝裙适用面更广，也更加宽松，可以从夏天穿到秋天，只要把打底的短袖T-shirt换成长袖高领的即可。所穿的打底裤的腰围部分是可调节的，产后也可以缩紧腰围继续穿。

孕35周，高腰毛衣裙外加可调节打底裤，足蹬平底靴，外加宽松的羽绒服即可过冬。

孕28周，所穿牛仔裤乃某知名孕妇品牌的可调节牛仔裤，等我买了才发现，网上这类裤子很多很多，而且价格更加低廉。质地也还不错。

个的营养全用来长胸了。

为了紧紧抓牢自己身材上不多的优势，我宁愿外面的衣服穿价值10元的，里面也要穿价值100元的，在怀孕后腰围已经崩塌的劣势下，誓死捍卫挺拔胸部，深信“腰胸围是少女和大妈的分水岭”。

Bra

孕妇佩戴适宜的胸罩可以在很大程度上维持孕妇乳房的外形，如无支持物支撑，日益增大的乳房就会发生下垂，如果乳房内的纤维组织因此被破坏，则很难恢复。因此，孕妇不宜再佩戴原来使用的胸罩，而应该选择专为孕妇设计的有软钢托或高弹性无钢托胸罩。

此外，从怀孕到分娩，女性乳房体积约增加两个罩杯，准妈妈应该在此基础上选择较为宽松的胸罩，以避免过紧的胸罩与乳头摩擦而使纤维织物进入乳管，造成孕妇产后无奶或少奶。孕妇选择胸罩时就以乳房没有压迫感为宜，并应随着乳房的变化而适时更换不同型号的孕妇专用胸罩。

由于胸部的尺寸是一个逐渐增大的过程，因此牵牛妈奉劝大家不要一次性购买过多单一尺寸的胸罩。我就是在孕早期胸部微涨的恐慌下，在孕妇用品店买了一大坨D、F罩杯无钢圈棉布胸罩，最后结果显示，我显然是多虑了，直到哺乳，

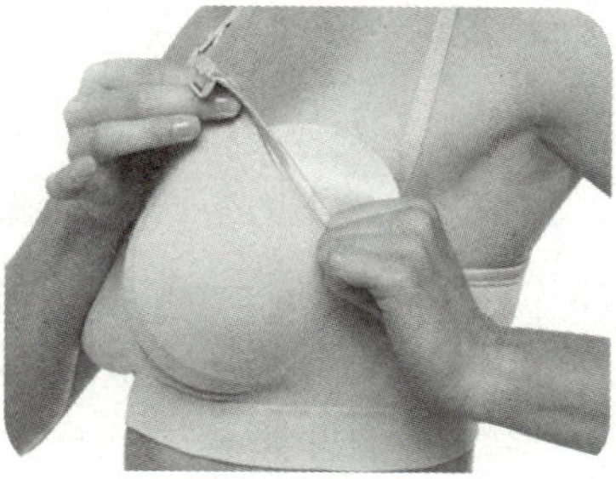

我都没有发生胸部暴增2个Size的猛势。

另外，哺乳期过后，胸部多多少少都有点缩水的现象，为了避免浪费，可以在孕期直接购买稍大一个尺寸的哺乳胸罩，因为在哺乳期的很长一段时间，你都需要这种方便哺乳的特制胸罩。

内裤

妊娠期，很多准妈妈会出现阴道充血，分泌物多的困扰。加上夏季潮热，细菌繁殖快，瘙痒、湿疹、毛囊炎等皮肤病的发病率会增高。因此，内裤更应该选择全棉制品，吸水性强，透气透汗的。

如果小肚子明显坠胀，有些裤子的弹力和勒力会使肚子难受，为了舒适可以穿上裤体比较宽松的托腹内裤。

孕22周，可以选托腹的内裤，这款不能调节，产后肚子小了就无法继续使用了，但胜在只有一层，透气性好。

最后，穿宽松的袜子，告别高跟鞋。

孕22周，可以托腹的内裤，这款不能调节，产后肚子小了就无法继续使用了，但胜在只有一层，透气性好。

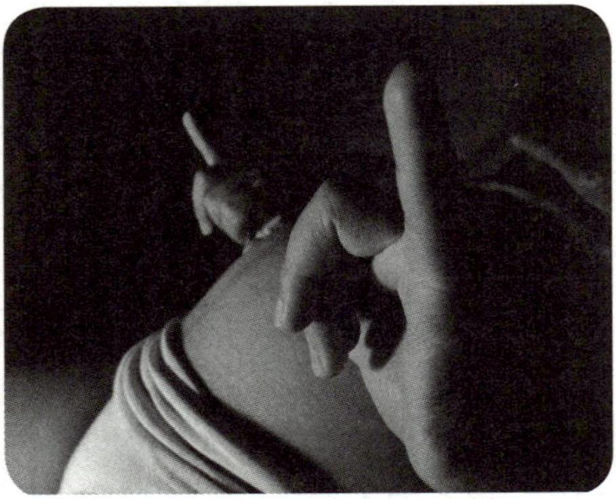

袜

由于子宫的压迫，下肢静脉压明显提高，静脉壁松弛，准妈妈容易引发下肢、外阴的静脉曲张或痔疮。所以，准妈妈的袜子，无论是长袜还是短袜，袜口都不要太紧，尤其是在妊娠后期。

如果小腿出现一根根突出的“青筋”并且伴有局部的肿痛，足踝部明显肿胀，一按一个手印，这就是孕晚期常见的妊娠期水肿（具体可参见孕晚期“妊娠期水肿”），松松袜口，或许会改善很多。

鞋

怀孕时期一般是不建议穿高跟鞋的：一是高跟鞋加重身体重心前移趋势，容易摔倒，导致足踝扭伤甚至早产、流产；二是重心的改变还会增加腹部、腿部等肌肉群的负担，使人易疲劳，诱发妊娠不良反应；三是导致身躯前倾，骨盆倾斜，使骨盆各径线发生变异，也不利于分娩的正常进行；四是使腹压增高，腹腔血流量减少，影响胎儿的供血，使胎儿的营养供应不足，影响发育；五是导致前腿弓、后腿绷，易造成腰背肌劳损，产生慢性腰痛，以及因全身重量集中在前脚掌上造成趾关节疼痛病，并且影响足部血液循环，加剧下肢浮肿。

鞋跟高度标准：鞋后跟只要超过4厘米就不适合准妈妈穿着了，但如果穿无跟的平跟鞋，重心落在后脚跟上，直立或行走的时间长了，腰和后脚跟又会疼。所以，后跟的高度在2～3厘米的低跟鞋和坡跟鞋都是很合适的，鞋子应当柔软舒适，弹性好。

另外，很多准妈妈的脚在妊娠期会变长增宽，应该根据妊娠期脚的大小，为自己买双新鞋，千万不要将就，因为穿“小鞋”会影响身体的血液循环，对你和胎儿都是不利的。

牵牛妈友情提示

1.有的准妈妈在孕期会容易过敏，所以在条件许可的情况下，最好选择天然的面料来制作服装。

2.准妈妈新买的衣服，尤其是内衣一定要清洗并用阳光暴晒之后再穿用，这样可以减少接触有害染料的机会，被细菌侵害的可能性也会低得多。

3.准妈妈要注意根据天气及时加衣保暖，因为孕期得了感冒是很麻烦的一件事。

所谓母爱

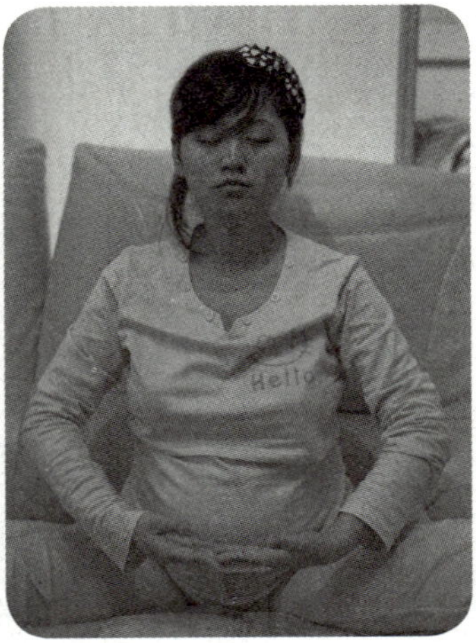

孕26周，该款是哺乳睡衣套装，均码，腰围松紧带可调节。上身是交叉式两层，掀开即可哺乳，可以从孕期穿到哺乳期，作为普通的家居服也很可爱。

怀孕那会，香港明星陈慧琳被质疑代孕的消息传得沸沸扬扬，其中一条证据是其在照片中母爱表现得不到位，这报道当时看得我有点后背渗凉。其实明星怀孕期间浓妆高跟鞋，产后身材无变倒也没什么，但对于每个因为怀孕而变丑发胖的女人来说，陈慧琳产后的靓丽亮相确实招人嫉恨，似乎普众的观点就是：女人为了孩子，什么都可以牺牲，什么也都应该牺牲。

我作为年轻辣妈候选人，周围几乎没有同龄的准妈妈和我一起战斗。开始我还是踩着高跟鞋、戴着隐形眼镜，每天淡妆美美地去上班，但随之而来的是每天不定时接到来自“过来妈妈”们善意的指责：“你怎么还化妆啊？”“这鞋跟也太高了吧？”“有了小孩还不安分点，怀孕跟玩似的！”“不好好吃饭吧？怎么还那么瘦？”在大家的一片谴责声中，我仿佛已是那漠视生命、毫无母爱的冷血孕妇，完全忽略我早期孕吐都快吐出胆水、两周狂飙8斤、娃在肚中体操挠得睡不着、比考研还认真地奋战各大育儿网站等为宝宝付出的一面。

孕26周，您还可以再MAD点么?

起初我还能无畏地“走辣妈的路，让圣母们去说吧”。但很快就禁不住舆论的压力，穿起了平跟鞋，戴起了重重的框架镜，将化妆品全部丢进冰箱，觅得耳根清静。但大部分人还是会以看熊猫的眼光对我进行打量，仿佛工作区域里的几百台电脑的辐射已经全部射向我肚中的娃，有极端的“过来妈妈”还提议我调换工作岗位，或者干脆不要来上班。

看过很多人的产经和怀孕日记，总会有描写听见第一次胎心或是感受第一次胎动的动情描写。连著名谐星小S也在屏幕中看见宝宝的那刻，也是泪流满面。我第一次听见牵牛“扑哧扑哧”的心跳声本也酝酿着初为人母的眼泪，还激动地问医生：“他还好吧？”只听医生答曰：“嗯，他是活的。”就把我那些感动统统逼回了肚子里。

孕26周，谁说生娃是摇滚的坟墓?

这句“活的”的评语像阴影一样笼罩我心，连第一次感受到牵牛在肚中的拳脚功夫，脑袋里也只有“活的”这般生硬的形容，激不起母爱的动容。

“你还是太年轻了，很难体会身为人母的责任和艰辛。”有高龄妈妈这样对我说。可能吧，以我这种娃娃脸，间歇性无厘头的作风，连电梯里碰到的红领巾小朋友都喊我“姐姐”，确实难以绽放传统印象中的母性气息。

只有个别时尚的妈妈鼓励我多旅游、多见客，告诉我保持开心的心情比什么都重要，每每听到这些来自内心深处共鸣的肺腑之言，总激动得泪流满面。

我固然还达不到为了下一代放弃工作、兴趣和臭美的至高“圣母”境界，只是我相信，孕味抑或母性都是水到渠成的东西，何需假装?

记得在一次产检之前，拿着一堆看不懂的化验报告的我看到前面一位同志因B超检查出畸婴被迫要放弃那团活生生的生命，我突然出于本能地双手合十，向众神祷告：“无论让我变得多丑多狼狈多沉闷，也请保佑牵牛健健康康、平平安安！”

这，也许是我第一次展露传说中伟大的母爱吧。

孕期能不能化妆

孕31周，是不是开始有点母爱的味道了？

孕期是女性的特殊生理阶段，这时的女性常常会因为身体状况的变化，而变得敏感、身体抵抗力下降。孕期应特别忌讳接触有害的化学物品，因为化妆品中很多成分具有刺激作用，如使用不当，可引起毛囊炎、过敏等，所以准妈妈应根据皮肤的类型和孕后的皮肤变化选择化妆品。

染发剂：据国外医学专家调查，染发剂不仅易引起皮肤癌，而且还易引起乳腺癌，导致胎儿畸形，所以孕妇不宜使用染发剂。

冷烫精：据法国医学专家多年研究，妇女怀孕后，头发不但非常脆弱，而且极易脱落，若是再用化学冷烫精烫发，更会加剧头发脱落。此外，化学冷烫精还会影响孕妇体内胎儿的正常生长发育，少数妇女还会产生过敏反应。

口红：口红是由各种油脂、蜡质、颜料和香精香料等成分组成。其中油脂通常采用羊毛脂为原料，羊毛脂除了会吸附空气中各种对人体有害的重金属微量元素外，还可能吸附大肠杆菌进入胎儿体内。孕妇涂抹口红以后，空气中的一些有害物质就容易被吸附在嘴唇上，并随着唾液进入体内，使孕妇腹中的胎儿受害。鉴于此，孕妇最好不涂口红，尤其是不要长期涂抹口红。

香水：从化学角度讲，香水中含有多种易挥发的有害化合物，对人体神经系统产生的毒副作用不可小视。如果洒香水过多，可使人出现头晕、恶心、呕吐等中毒症状；如果使用劣质香水，有害物经皮肤透入，将对胎儿发育产生不良后果。

精油： 纯精油的话是活血的（特别是玫瑰），容易造成流产。

指甲油： 因为指甲油中的化学物质对人体有一定的毒害作用。孕妇多喜吃零食，指甲油中的有毒化学物质很容易随食物进入孕妇体内，并能通过胎盘和血液进入胎儿体内，日积月累，影响胎儿健康。

钻石饰品： 然而科学研究表明，有些名贵的钻石中含有超过正常值的放射线，佩戴这些首饰的孕妇，可能使胎儿受到微量放射性辐射。为胎儿健康起见，孕妇不要戴钻石首饰。如果要戴最好能到有关机构检测一下。

另外，怀孕后，皮肤易出现面疮、粉刺等小疙瘩，这是由孕后体内激素分泌失调所致，此时不要经常更换常用的护肤品，以免皮肤不适应。只要常洗脸，保持面部清洁及充分休息和适当营养，过了妊娠第5个月，痘痘自然会好。孕中期，皮脂的分泌减少，皮肤会变得粗糙，化妆时可先用香皂洗脸，再敷上冷霜轻轻按摩，继用热毛巾擦掉，再用乳液滋润。孕后期，皮肤非常敏感，更须少用化妆品，以免产生更多斑点。

需要特别注意的是，怀孕后去医院做定期产前检查时，尽量不要化妆，因为化妆品会掩盖孕妇的脸色，影响医生的正确判断。

牵牛妈现身说法

整个孕期我最大的困扰就是长痘痘，而非长妊娠纹、长斑、长胖。每当有周围朋友羡慕我身材没有变形、行走如风、肢体灵便如常时，我就指着脸上因体内孕激素和雌激素的分泌增加而导致的黑色素沉淀，即那些经久不退的痘疤，说："看，上帝是公平的！"他可不会让你没痛没丑没烦恼白白地赐你一个健康聪明的宝宝，各位准妈妈应该有心理准备。

怀孕后，我并没有完全舍弃从前用的护肤品，只保留了保湿和基础护理产品，舍弃了一切功能性护肤品，如有美白、抗痘、抗衰老等功能的。无论商家吹嘘它们多么无害、多么天然，准妈妈也不要长期使用这些功能性护肤品，主要是因为里面有A酸、果酸和水杨酸这样有致畸性危险的成分。而且孕妇的肤质在激素变化的作用下一般会产生变化，非正常状态下使用这些产品毫无意义。我那一脸无药可医的痘痘也是等到产后自然恢复的。所以为了防止使用新产品引起的过敏，准妈妈可以继续使用以前的基础护理产品，平日里注意保持面部清洁和做好防晒即可。

如果你问我整个孕期有没有化妆，我的答案是"有"，因为我确实提不起以一张麻子脸上班、出门逛街的勇气。市面上有很多号称纯天然、百分百安全的化妆品，也有专门为孕妇设计的化妆产品，但美妆用品都是化学品，纯天然的说法并不科学，最多只能算是以植物成分为主打的化学品。所以，即便我买了所谓的准妈妈专用化妆品，内心深处多少还是有点忐忑，没敢多用。但我化妆也有个底线：口红指甲油不用，烫发染发没做，防晒出门必做，产检绝对素颜。

按照沈先生和周围人的建议，我应该每天素面朝天，自信满满地去上班，我也很想说服自己"怀孕的女人最美丽"，但与其每天纠结在化妆肯定多少会伤害宝宝和如何冲破自己的虚荣底线，还不如轻轻松松、大大方方地接受自己。只要不过量，一个淡淡的妆容能让你心情愉快，那么偶尔化化又何妨？还是那个观点，孕期的心情比什么都重要。

意外之后

和臭美有关的另外一个“光荣历史”是孕中期出过的一次意外：我配戴的隐形眼镜在眼睛里碎掉了。

那日清晨7时许，一直戴半年抛和年抛隐形眼镜的我打算换戴刚买的日抛。这日抛是再前几天之前，打算尝试一把“美瞳”的我在某知名眼镜店一热心专业人士的劝导下买的。该款隐形眼镜外文包装，但实际上都是某国产上海品牌，而专业人士很“贴心”地授意我：那些国际品牌不但贵而且对眼睛不好。

一打开新买的日抛盒子，发现那隐形眼镜在一摊透明水中真是隐了形。作为配戴隐形眼镜长达7年的老手，我凭着手感去摸才摸出来薄薄一片，然后很熟练地就塞到眼睛里面去了。

试戴了不到2分钟，我就感觉右眼不适，可能有睫毛进去了，或是戴得不够贴服，就想把眼镜摘下来重新配戴。结果，手指只取出了三分之一的镜片……

我开始在洗手池附近努力地寻找另外的三分之二镜片，但怎么也找不着。照镜子也没发现右眼眼珠周围有残余镜片，心存侥幸地认为剩余的镜片可能已经从眼睛里掉出来了，就不紧不慢地换上以前常戴的半年抛隐形，并与一直反对我戴隐形眼镜的老妈在早餐时谈笑风生，之后波澜不惊地去上班了。

上班上到10点多，沈先生给我打电话，我当个笑话把这事跟他讲了，没想到竟惹得他勃然大怒。在多次抗争未果的情况下，我被激愤交迫的沈先生拉去了北京某眼科专科医院。

挂了急诊，医生对着我的眼珠左照右照，上检查下检查，十分镇定地从右下眼睑中挤出了两片残余的隐形眼镜碎片。

沈先生在确定我的眼睛没什么损伤之后，平静地递给了我一副框架眼镜，很自然地把我仅存的两副半年抛隐形眼镜扔在了急诊室的垃圾桶里，悲愤地问道：

“这几年，你是怎么活下来的？”

为了缓解沈先生的情绪，怀孕期间我只能戴框架了，即便我跟他解释了很久我两只眼睛度数相差很大，医生也说戴框架容易晕，只能戴隐形之类的嗒嗒嗒一堆，但沈先生也会扬起一沓沓怀孕戴隐形弊端的资料，以未出世的牵牛的健康警告我。再后来，我只能强迫周围的朋友称赞我戴框架眼镜也很好看。

怀孕能不能戴隐形眼镜

怀孕期间因角膜水肿、厚度增加且泪液分泌减少，使得眼球表面更不适合隐形眼镜的配戴，所以在怀孕期间要减少隐形眼镜的配戴次数及时间，尤其是怀孕最后3个月，最好能不要戴隐形眼镜而改戴框架眼镜。

如果戴惯了有框的普通眼镜，在怀孕期间不宜改戴隐形眼镜，因为角膜的改变会使得配戴的困难度增加而使眼睛更加难以适应。如果原先配戴的隐形眼镜没有不适，则怀孕初期仍可继续配戴，不过最好要减少配戴的时间，在清洁方面也要加强（因为镜片上沉积会增加）。

此外，因怀孕期间角膜敏感度降低，有时角膜有轻微破皮或感染时不易被察觉，如果继续配戴会有角膜溃疡之危险，所以最好能定时做眼睛表面角膜、结膜的检查，以防万一。

值得注意的是，怀孕期间由于角膜的改变与平时不同，所以不适合做近视矫正手术。对于术前高度近视的人来说，顺产的时候还可能会引起视网膜脱落。

孕傻乎？智商乎

一则

怀孕期间，由于单独出门Shopping的权利基本被遏制，我极为后知后觉地用“网购”来满足和我肚皮一同高涨的购物欲望。作为网购菜鸟，起初我是这样向周围的淘宝达人请教如何在淘宝网上买外套的：

“是说，要在搜索栏里打上‘衣服’二字吗？”

“……”

对方一阵沉默，继而说道：“你这不是不熟悉的问题，是智商问题。”

二则

由于我的爹妈有成功撮合过10对夫妻的辉煌战绩，从年少开始，我就热衷于当红娘这项造福人类的事业，惜多年来无一成功，请教其拉红线的成功秘诀，二老指了指脑子。我曾经天真地认为，这跟我尚未把自己嫁出去就没有说服力有关。当我挺着大肚子，不辞辛苦地以为人妇、为人母的身份拉扯了几对还是失败后，我终于肯定了我是真没这方面的脑子。

三则

一日，听闻我远在加拿大的小学同学荣升牛妈，非常兴奋地打开她的网络相册想要八卦一下未来媳妇/女婿的容颜。只见一赤裸小孩儿躺在磅秤上，相册描述处只见重量，没有一言一句关于孩儿性别的介绍，便急不可耐地给其留言：“亲爱的，你到底生的是王子还是公主呢？——在线等揭晓哦（*^__^*）”

结果，我同学泪流满面地回复道：“亲爱的，难道你没看到他两腿间的……”

我再定睛一看，顿时就掩面泪奔下线了。

以上三则，都是我智商水平高低的佐证。

有朋友安慰我，那是因为“怀孕傻三年”，但我从自身实际出发，十分坚信科学家们的研究：“孕傻”跟怀孕产生的生理变化没有太大关联。还有朋友问我怀孕后有没有发生过小S怀孕日记里搞过的提袋找袋以及用手机当电视遥控器猛按的糗事，我非常诚恳地回答道：

“为了避免更多的人受害，怀孕后我已经很少做需要智商的事情了。”

牵牛妈友情提示

如何延缓怀孕后的"变傻"？

1.工作不要逞能，家务不要包揽。很多时候，妈妈们的"智力"下降，是因为注意力被自己的小孩牵扯，而并非生理上的后退，所以尽量不要让自己同时处理太多任务。

2.不要相信大脑，要相信笔记。尽量将每天需要办的事物制作成任务清单，有条件的话在电脑或手机上复制一份，如果丢了的话，还可以找回它们。

3.回家后把钥匙钱包等随身物件放在同一个地方。

4.多喝水，多休息，多吃富含铁的食物，保持大脑供血供氧。

5.定期、适度活动（注意：运动也不宜过量哦，毕竟你的身体里正在形成一个完整的人儿，需要较为安定的"生活环境"）。

无厘头胎教

一则：亲子教育

和旧时许多热切盼望家中早日添丁的男子不同，当今的适育男子们，多是恐"娃"一族，闻"孕"色变。顾家有如沈先生，也曾在得知自己将为人父的瞬间，陷入2～3秒的呆若木鸡状态，甚至对要不要孩子产生过动摇。

鉴于这一点，我一直有意识地培养他和我肚里娃的感情。有时候我让他和肚娃说说话，可小伙子也就“嘿嘿”笑两声，对着我的肚皮羞涩地说：“不熟。”

然后，在我的威逼利诱下，这位80后准爸爸无非是从“不熟”上升到“宝宝，晚安”或“宝宝，再见”的四字单句。那是准爸爸任务十分艰巨的一个阶段，除了日常工作，沈先生还担负起了大部分的家务和装修任务，随时随地就能累得瘫倒在出租车或沙发上。有一次他感冒，为避免半夜咳嗽影响我和胎儿的休息，沈先生悄然搬到客厅的小沙发上睡觉，看到他人高马大地裹着一条小被子，腿都伸不直地窝在沙发一角，我想牵牛会原谅爸爸的寡言和那句“不熟”吧。

随着新家和我肚皮的初见规模，沈先生的话从四字单句逐渐扩展到多字长句，比如“宝宝，你乖乖陪妈妈上班”或“宝宝，你千万不要学你妈哦”。也许作为男人，确实很难敏感地体会到一个小生命的存在。比如某一天，我兴奋对娃他爹说：“宝宝好像在动哎！”他却不以为然地说：“那是你的肠子在动吧？”

直到孕期的某天我们一起去听巴赫音乐会，我逼迫沈先生用手放在我肚子上，他摸索了半天，终于在第二乐章开启时，感受到了牵牛的两下拳脚，“呵呵，还挺好玩的”。

嗯，看来，让肚子里的娃与娃他爹建立起广阔的话语渠道还是任重道远的。

二则：乳名教育

从书中得知，胎教需乳名一枚。

沈先生曰：男为“牵牛”，女为“牵牛花”——出自唐代诗人曹唐《织女怀牵牛》：“北斗佳人双泪流，眼穿肠断为牵牛。”

理由：彰显其文化底蕴，突显父母对儿女的牵挂，且好记、顺口。

（我呸，不就是在显摆自己会背那么几首唐诗吗？）

吾曰：男的叫“shen钱”、“shen事”，女的叫“shen心”。

理由：贱名好养、老百姓喜闻乐见、经济向心力可是立家之本。

后因我的提案有三俗之嫌，被否决了。

从此，牛魔王正式更名为“牵牛”。

三则：金钱观教育

怀孕期间，我和还未出世的牵牛最经常进行的对话不是：“宝宝，妈妈好爱你啊！”“你爱不爱妈妈啊？”“你要是爱妈妈就动一下哦！”而是：“宝宝，你觉得咱们家以后谁最有钱啊？”“你要觉得谁有钱，你就动一下哦！”

“爸爸”“妈妈”“爷爷”“奶奶”……经过他小人家一番精心的思索和挑选，他最终选择了最不会挣钱但最能花钱，史上最时尚洒脱的50后外婆。

四则：生理教育

当周围的准爸妈们都开始给腹中的宝宝念唐诗三百首时，我口口声声地说不能让牵牛输在起跑线上，却几次偷偷看重口味连环杀人案记述和B级片，被人抓住偷看新版电影《金瓶梅》还狡辩曰：为宝宝进行早期性教育。

五则：励志教育

偶尔我也故作深沉地顺时针抚摸着我的肚子，对着窗外不远处的“北京小学”教育道：“娃，你爸妈一个从大西北，一个从大东南地走了这么远的路，把你送到了这里，接下来10分钟不到的路程，你就自己走过去吧！”

六则：爱国教育

在新中国60华诞之际，我带着肚中小宝从早5点到晚7点奋战在新闻第一线，借此来熏陶他的爱国情怀，同事称我是“爱国从娃娃抓起”。

只见这个小家伙在我编发女民兵方队图片稿件时异常活跃，肚皮常呈波涛起伏的凹凸状。一个还未出世的00后小公民以最直接的方式表达对这片国土的祝福和热爱，也不失为一种质朴的爱国情怀。

七则：信任教育

我有一个教育理念：就是趁小盆友涉世未深，骗Ta有隐身衣，还要演到Ta相信为止，等Ta以为穿上隐身衣可以为所欲为地在我们眼皮底下犯下种种劣行后，抓个现行，并语重心长地告诉Ta，这个世界连Ta妈都不能相信。

每每被肚子里那个扭来扭去的小东西折腾时，我就愈加坚定这个邪恶的教育理念。

八则：文化教育

产后惊闻有6个月大的宝宝听着王菲的《传奇》静静地流下泪来，不禁为其父母在怀孕期间对胎儿的音乐熏陶之深感到钦佩。现龄一周岁的牵牛也常表现出被文艺青年潜移默化影响过的潜质，比如外出晒太阳时爱扯着大人往楼下租借DVD的音像小店里钻。

对此，我强烈怀疑跟我怀孕期间看了大量影视剧集来消磨大好青春时光有关。

科学结论

在胎教这个问题上，科学上还没有给出十分确凿的结论。莫扎特在成为天才之前肯定也没有听过“莫扎特胎教音乐”，基因才能决定一切。但我还是相信，宝宝在我们腹中可以听到声音，感受到你的情绪，甚至听懂你的话，不然人怎么生来就带有性格和偏好？

所以，各位准爸准妈不必拘泥于胎教的形式或迷信某个胎教法，大可抱着信则有不信则无，“心血来潮搞一把也挺好”的开放态度。如果听贝多芬、讲《小王子》给宝宝做胎教能让准妈妈的心情愉悦，那么还是多多益善，孕期心情引起的生理变化可是能直接传递给宝宝的。只要你真心爱宝宝，他肯定能感受得到。

孕妇不是罪犯

"哎呀，挺着个大肚子还出什么门啊？"

"你怎么能吃油条啊？孕妇吃油条易致胎儿痴呆，你知道不？"

"看什么《风声》啊，不怕吓得流产啊？"

"唱卡拉OK？我听说有个人就是在怀孕的时候唱K，小孩出生后就聋了！"

……

哼！怀孕又不是坐牢！孕妇又不是罪犯！

吃根油条又怎么了？我就不信这点明矾就能把孩子搞痴呆了。

去电影院看部电影又怎么了？看了就看了，难道小盆友隔着肚皮就会瞎了？

唱次卡拉OK又怎么了？又不是玩摇滚，妈妈的歌声难道不是最好的音乐胎教？

每每鼓起勇气想冲出这些其实没有太多科学道理可言的樊篱，总会有人跳出来拦阻你，对胎儿的健康深表忧虑，危言耸听地没等你抬脚就吓得你一身冷汗。你甚至连这条条怀孕规范守则凭何而定，又具有何种效力都没弄清楚，就因肚里那颗举足轻重的球被禁了足。这感觉和临近高考，每每想放下手中的课本纸笔逃出去玩时所要承担的心理负担十分相像。

怪不得我在怀孕时总是梦回考场，书桌上是一张又一张的数学、物理或是政治等科目试卷，眼前每道题都是想不起答案公式的错乱慌张。

每个足有千斤重的孕妇心里都住着一位身轻如燕飞檐走壁的自由女侠，在几近苛刻的怀孕守则下暗涌四起：

有多少准妈妈是全身心地全程享受这缺少自由又夹杂种种生理不适的孕期生活？又有多少准妈妈与家人抗争未果后，喊出"等我卸完货，定要好好逛街、旅游、染发、卷毛、染指甲、涂口红、化浓妆，狠狠地重温可乐、麻辣烫煎炸地沟油、鸡肝油系列”等埋藏了多少压抑和不甘的抗议口号？

守不了斋的准妈妈就不是好妈妈。有时候不是你不敢，而是怕辜负了家人的期望和顾虑他人的眼光。因为生儿育女是母亲的天责，我们为了体现自己对孩子的关爱和担待，只好把子宫当做监牢，将自己打造成最听话的囚犯，直到孩子出生还未刑满出狱。

所以，你看到大街上每个少女都是千姿百态的，每个孕妇总是一样一样一样的。

女性可以把她们的生育看成是一种独特的挑战，一座需要攀爬的高山，在安全抵达山顶之前，我们的世界仿佛只能围着肚子里这颗球转。“山上会有更美的风景”，在艰苦而又漫长的怀胎十月我们不止一次地安慰自己，就像象牙塔里的生活是每个高三学生最具抚慰力的精神鸦片。

其实，谁心里都知道，山上的风景并没有太多不同。没准，等你越了狱，还觉得“坐牢”的日子更为安稳。

好妈妈上天堂，坏妈妈走四方。我们却总想走完四方，再升上天堂。

但请牢记，孕妇不是罪犯，子宫不是束缚我们的枷锁。你一定要懂得快乐，这才是一个好妈妈最应有的行为规范。

我的研究“生”笔记——孕中期

进入胎盘稳定的孕中期，各位准妈妈在孕早期绷紧的神经可以稍事放松了，身体也较前期舒适不少。在这一期间，可以选定产检和生产的医院，听孕妇课堂，给宝宝做胎教。如果外界和工作条件允许的话，出去做作个短期旅游也未尝不可。但如果周围有什么大型病毒或者是人祸连连的话，还是小心为妙，尽量少去人多或空气不流通之处。毕竟“一入孕门深似海”，你不能把自己当普通小姑娘去潇洒。我的孕中期没有特别的攻关体验，有也只是：懒而舒适。当年要不是猪流感肆虐，我早就在某个迷人的小海滩度过我那专属大肚婆的慵懒周末了。

一、关于产检

产检时间：从第12周开始做产前检查，12～28周每个月，即每4周检查一次；28～36周每两周检查一次；36周后每周检查一次。

产检内容：早期查身高、体重、血压、心电图、阴道检查、化验检查，这些在孕12周后定期进行。基本化验检查包括血常规、血型、尿常规、生化十项、心电图、乙肝五六项/抗体三项等。

特殊检查包括：

1.16～18周唐氏筛查，查有无唐氏综合症/21-三体/18-三体/开发性神经管畸形；

2.20周彩超。目的在于排查大的畸形；24～28周做糖尿病筛查，由于胎儿对葡萄糖需求上升，妊娠后期胎盘会分泌对抗胰岛素的激素，可能造成孕妇患有孕期糖尿病。孕期糖尿病可能导致围产儿死亡、胎儿畸形、新生儿合并症等严重后果。具体筛查办法是50克糖筛，如测量结果高于 7.8mmol/dl，则需做75克糖耐。

3.28～36周做骨盆测量，决定能否正常分娩。

4.36周后，每周检查都应做胎心监护，及时发现胎儿有无缺氧等异常情况并采取相应措施。这可与30周通过数胎动来自我监护相结合。

5.37周，决定分娩方式，建议此时挂专家号，在此之前无特殊情况，不用找专家。

产前检查的重要性：一定要按时做，这是对自己和胎儿负责，对于高危孕妇来说尤为重要。高危孕妇包括：患有心脏病、心衰、高血压等的孕妇。总之，大夫给开的化验单都要去做。

等候产检时，气氛还是很凝重。

二、唐筛VS糖筛

“唐筛”和“糖筛”，一字之差，是很多准妈妈经常混淆的两个产检项目：

项目	检查目的	检查时间	检查方式	后续检查
唐筛	唐氏综合症的筛查，检查宝宝是否会是先天愚型的唐氏儿。	孕16～18周	不需要空腹直接抽血。	如果显示高危，一般医生会建议作羊水穿刺进一步分析。
糖筛	糖尿病筛查，检查孕妇是否患有孕期糖尿病。	孕24～28周	需要提前12小时停止进食和饮水，然后再口服50克葡萄糖水之后1小时进行抽血。	如果测量结果高于7.8mol/dl，则需做75克糖耐。

糖筛，糖筛，讲究多

张大夫说

50g葡萄糖耐量检查，也称“糖筛”，不是喝口糖水，抽出一管血去化验那么简单，以下小贴士送给大家：

1.接受检查前保持平日一贯的饮食结构；

2.医生开出的葡萄糖粉最好现用现领取，保存不当，可能影响结果；

3.检查当日，空腹；

4.用200～300ml水溶解葡萄糖，5分钟内喝下去，环保主义妈妈可以自带杯子，医院一般也会提供一次性纸杯；

5.最好带一本书或者杂志，总之，喝完糖水后要保持安静，不要到处走动；

6.从第一口喝糖水开始计时间，1小时后，静脉抽血；

7.温馨提示：孕期容易产生饥饿感，准妈妈最好带一些吃的，例如三明治或者汉堡，抽血后尽快补足早餐的能量。

牵牛妈现身说法

我一直是个很怕抽血打针的人，一见医生举起针头就怕得连退三尺，不敢睁眼。早有耳闻糖耐测试痛苦异常，需要孕妇保持空腹，每隔1小时抽一管血，一早上连抽四管才算完事。为避免第一次糖筛不过，我特地提前两周调整了自己的饮食：

1.拒绝任何甜点和饼干等零食；

2.少吃主食和一切辛辣、油腻、咸的食物；

3.多汁甜腻的水果尽量替换成西红柿，黄瓜和青菜；

4.多活动，坚持饭后散步。

特别需要指出的是，我在第一次糖筛当天，早饭都没敢多吃（也不能不吃，因为不吃早饭我抽血一定晕）。喝完50g葡萄糖（葡萄糖粉，一般医院会发）兑200ml白开水后的糖水（齁得令人窒息，但据说比糖耐100g的甜腻度还是差了好几个等量级），我就站起来溜达，从医院东门走到西门，再从西门走到东门，1小时后伸出手闭眼一扎，心惊肉跳地往化验单一瞅，幸运地发现自己过了。

由此，控制饮食+适量运动是我认为比较靠谱的过糖筛攻略。也许很多准妈妈会觉得我这样应对产检有作弊嫌疑，但与其等到第一次糖筛不过，再百般诚恐地采取措施来应对痛苦指数和内检持平的“糖耐”，还不如提前做好准备。

产前检查要重视

张大夫说

妊娠期糖尿病包括以下两种情况，一种是怀孕前已经是确诊的糖尿病病人，另一种是怀孕后新出现的糖尿病。后一种是最容易被忽略的人群。

目前，主张对所有24～28周之间的孕妇进行糖耐量筛查实验，以保证发现这部分妊娠期糖尿病的妈妈，进行饮食管理和血糖水平的监测。必要时，还可能需要进行胰岛素治疗。妈妈们不仅要保证自身的健康，还要努力不要生出这种外强中干的“大胖孩子”。

首先，准妈妈千万不要盲目拒绝这项检查。

其次，做糖耐量试验之前，企图自行控制饮食蒙混过关的方法是自欺欺人。

在此，弱弱地批评一下调皮捣蛋的牵牛妈。虽然这样做可以蒙混过关，但若是漏诊了妊娠期糖尿病，没有接受正规的饮食控制治疗，没有进行任何血糖方面的管理，可能会犯大错。

同时，奉劝年轻的准妈妈们，定期进行产前检查，接受妊娠糖尿病的筛查，有病治病，没病的也不要不顾一切地大吃二喝，我们的口号是：不生巨大儿，也不做这样的英雄母亲。

三、如何调控孕期情绪：保持钢管粗的神经

按照我的看法，当下的知识女性能在被各种咨询包围的孕期能保持不抑郁、不担忧的都属于粗神经了。为了便于调整好孕期情绪，各位准妈妈更应该趋利避害地接纳信息，以防神经过敏：

首先，不要把极端个例当普遍现象

和很多准妈妈一样，我经常因某项产检项目的数值不对路或血常规上上下下的箭头而惊慌不已。平日在各大论坛里闲逛，看到先兆流产、胎停育等骇人听闻的消息，也容易弄得自己紧张兮兮的。

沈先生说不幸的“孕例”都属于少数个案，不能掩盖大部分人平安产子的常态。至于产检结果，未经医生诊断，准妈妈怎么能依据网上看到的或一些不专业的消息渠道就妄自推断？毕竟我们不是专业人士，不能盲目对肚里的宝宝健康状况作出判断，更为之提心吊胆。

其次，远离危言耸听，远离传言

当你怀孕后，身边自然会集结不少因生娃而聚的“过来妈妈”，有娃的、没娃的、犹豫要不要生娃的各路人马。有的可能出于关心，有的可能依据自己不太顺利的经验和听闻想要提醒你，所以你不可避免地就会知道：某某怀胎9月，最终胎死腹中；某某长期接触电脑，小孩出生后头皮少了一块；某某小孩脐带绕颈缺氧，生出来成痴呆儿；某某生娃时大出血，差点命丧手术台……听得你和肚中的娃风中凌乱，头皮发麻，好容易建立起的信心再度崩盘。

如果你无法对这些唯恐天下不乱的负面说辞一笑泯之，还是远离为妙。尽量和那些告诉你“怀孕也没什么大不了”，乐观开阔的人诉衷肠，紧紧靠近让你感到轻松自如，无论你有没有变丑都坚称你很美的亲友身边。

再次，少看报刊杂志或者网上的悲惨新闻

女性在怀孕期间情绪很容易波动，以前不觉得有什么过多感触的事情可能当你怀孕后就能要掉你一箩筐眼泪。像我从事的工作，每天都要接触到各种各样的天灾人祸，触目惊心的新闻场面。以前我倒也能颇为冷静地处理，但怀孕后，一张连体女婴的照片都看得我两眼潮红，心情凝重。我固然无法逃避工作上的职责，所以工作之外就尽量让自己多看些赏心悦目的新闻图片，选择积极向上的正面信息，保持较为阳光的心

情，让肚里的宝宝少受刺激，没必要让Ta陪你“看”到这个世界的黑暗面、对这个世界过早地失望。

最后，也别太恃“孕”而娇

我见过班照上、活照干、歌照唱、舞照跳、泳照游的“彪悍妈”，也见过处处搞特殊，常常发脾气，动不动就请假跑医院的“娇气娘”。前者生产的过程往往更为顺利，孩子也更为皮实好带。

2010.9.4 牵牛哥在薰衣草前思考

这里面当然有各人体质相异的因素，也不排除心理的作用。有些准妈妈因为对胎儿高度重视，把怀孕看得过于严重和紧张了，一点点小小的异常，就能把自己和周围人搅得鸡犬不宁；医生、同事哪怕是最亲的家人一点小小的怠慢，都会觉得受了天大的委屈，闹得不可开交。

我觉得有时干点力所能及的家务和工作，反而能分散对肚子那颗球的注意力，找到一些快乐轻松，没必要成天对着一堆医学专业人员才能弄得懂的检查数据杞人忧天、担惊受怕。

其实想想，哪个妈妈不是这样走过来的？为什么非要觉得自己受苦受得比别人多，尝到的委屈也比别人更苦？长此以往的，这些不稳定不健康的情绪肯定、容易影响到胎儿的健康。

所以，孕期保持乐观稳定的情绪很重要，为了宝宝一定要懂得调节自己。有些琐事一定要抛得开、放得下，偶尔忘掉自己“孕妇”的身份潇洒一回，未免不是一件更有利于身心的事情。如果因为感受不到宝宝的存在而焦虑，也许对着一些漂亮宝宝的图片想象未来宝宝的样子，会勇敢很多。

四、孕期推荐书目和电影

书：

怀孕方面：

《怀孕圣经》（英国）：由一群专家编写，亚马逊排名首位，内容十分丰富，介绍也颇为翔实。可惜我怀孕时看到这种大部头的书就容易头疼，总是看着看着就睡着了，到最后也没有坚持看完。

《西尔斯怀孕百科》（美国）：很多亲子论坛都很推崇此书，写得比《怀孕圣经》要生动活泼些，也更善解人意些，适合经常容易情绪崩溃的准妈妈们阅读，属于治愈系孕产书籍。

育儿方面：

《育儿百科》（日本）：从婴儿诞生前一直写到孩子上小学，1岁内按月龄分，之后按年龄为章，养到哪查到哪，颇方便。

《斯波克育儿经》（美国）：总共600多页，一直从胎儿期写到18岁，是一本真正的大部头育儿书。内容很广泛，连如何引导青春期儿女内容都有，各位准爸准妈可以把它作为成人礼送给自己的小孩了。

（备注：以上都是外文引进版类的孕产书籍，作为经典的入门级教科书，在全球得到普遍认可，但有些体验和理论并不符合中国妈妈的实际情况，还有的因出版时间过早，部分育产理念相对过时。）

母乳指导方面：

《让孩子做主》：作者小巫结合西方的理论和中国妈妈的亲身实例的生活提炼，侧重母乳喂养、育儿这块，孕期涉及内容较少，有“母乳党圣经”之称。

就我个人而言，很赞同小巫对母乳喂养的理念进行推广，并引入国际母乳协会的相关内容，这是一件很有意义的事，许多理论让人受益匪浅。但可能小巫自己都不知道，受其理论影响的好多妈妈为了彰显母爱，达到纯母乳的境地，唯恐不全母乳不成活，有为了提高奶量吃各种骇人听闻偏方，有月子里每隔一小时就吸一次奶成劳模的，也有每次喂奶都依据宝宝吸了几口来测算奶量的。

我不知道自己算不算得上深被其理念“毒害”的母乳狂人，月子里我曾有过整夜整夜不睡觉、经常拉起还在熟睡的牵牛练习吸吮的疯狂举止，以为一旦松懈下来，会出现奶量减少、宝宝将乳头混淆等种种书中所说无法继续母乳喂养的后果。但我并没有因如此的辛勤，逃脱乳腺炎的噩运，小牵牛也为了配合“让他做主”的吸吮母乳练习，常睡不好觉。

知识女青年育儿典型特征：照书养（请原谅月子里忙乱不堪的生活场景）。

所以我觉得，大部分的新手妈妈还是要根据自身情况进行育儿，不能过分迷信某本书籍，更没有必要为此枉顾自己的健康，向哪位明星或专家靠齐。你的孩子只有你最了解，也只有你才能做Ta最好的妈妈。

散文绘本类：

《孩子你慢慢来》（龙应台）：这大概是我孕期最喜欢读的书之一了。时值今日，我都在反复体味书中的那段话：“谁能告诉我做女人和做个人怎么平衡？我爱极了做母亲，只要把孩子的头放在我胸口，就能使我觉得幸福。可是我也是个需要极大的内在空间的个人……女性主义者，如果你不曾体验过生养的喜悦和痛苦，你究竟能告诉我些什么呢？”书中有一章“写给怀孕女人”也是极好的，推荐给每个有职业和育儿矛盾困扰的准妈妈。

《目送》（龙应台）：还是这位我很喜欢的女作家写的散文集。我一直很推崇龙应台，她有着身为学者“龙先生”犀利辛辣、成熟深邃的一面，也有着作为两个孩子的母亲深厚而温暖的一面。那句“我慢慢地、慢慢地了解到，所谓父女母子一场，只不过意味着，你和他的缘分就是今生今世不断地在目送他的背影渐行渐远。你站在小路的这一端，看着他逐渐消失在小路转弯的地方，而且，他用背影默默地告诉你，不用追”。感人至深，催人泪下。此外，她的另一本和大儿子的三十多封书通信合辑《亲爱的安德烈》，也展示了她对家庭教育和两代人沟通方式的独特见解。

《我的错都是大人的错》（几米）：好吧，我承认我很小清新。但怀孕妇女就是喜欢这种看起来暖暖的图画和有点长不大的文字腔调，适合所有看字看累了的准妈妈。

娱乐消遣类：

如果纯粹为了放松，可以找《小S之怀孕日记》来看，也许她的有些做法谈不上科学，但总体上很励志也很阳光。我自己怀孕情绪低潮时，也会用她怀孕也要诙谐到底的乐观精神来鼓舞自己，并且十分认同她常怀一颗感恩之心的怀孕理念。

此外，如果又不想花钱买书、又不怕电脑辐射的话，网上各类亲子论坛上的产经、婆媳斗争、控诉育儿嫂和月嫂等血泪帖则更生活化、口语化和实用化，适合八卦之心不死的准妈妈们。

电影：

《为子搬迁》*Away We Go*推荐指数：★★★★★

平凡家庭的平凡故事，是拍过《美国美人》的萨姆·门德斯（Sam Mendes）继2008年《革命之路》之后的家庭伦理小清新之作。故事讲述了一对恋人为了未出世的孩子横穿全美寻找理想家园的故事，该片也可算作是以“家庭”元素折射美国社会现状的公路片。可以说，门德斯喜剧小品极具撩人之处，每每对爱、承诺、责任等关键词的独到诠释，让人会心一笑。

此外，此片的电影配乐也是相当不错。由苏格兰知名民谣音乐人Alexi Murdoch操刀，曲风温暖、舒适，很适合乘车、等待产检和写工作报告等时倾听。

《天伦之旅》*Everybody´s Fine* 推荐指数：★★★★

此片由好莱坞老牌硬汉罗伯特·德尼罗（Robert De Niro）主演，讲述了一个老年丧妻的鳏夫拖着病体独自去看望分散在全国各地的子女的故事。影片中有爱与欺骗，有父辈对子女的期许，有儿女们的反叛，有梦想与现实等种种比对，发人深省，也催人泪下。和《为子搬迁》一样，该片也是以“家庭”元素折射美国社会现状的公路片。不过此片没有涉及孕产等相关具体命题，更多的是在一个“亲情”的大主题下展开情节，也许很多准爸妈看了此片想得更多的反而是自己的爸妈，从而再度思考自己与父辈们的关系。Anyway，就冲着罗伯特·德尼罗一张英雄迟暮、沧桑老练的脸和在此片中真实而不浮夸的演出，本片还是很值得一看的。

《马利和我》*Marley & Me*推荐指数：★★★★★

本片根据报纸专栏作家约翰·杰罗甘（John Grogan）的畅销书《马利和我：和世界上头号捣蛋狗的幸福生活》改编，并荣获2009年百代电影电视奖最佳电影音乐奖，由欧文·威尔逊（Owen Wilson）詹妮弗·安妮斯顿（Jennifer Aniston）主演。影片貌似在讲一只小狗的

“生命历程”，实则主要表现了影片故事中一对美国普通夫妇对家庭的重新凝望与沉思。

推荐我此片的咖啡店老板，当时也是一名准爸爸。他说他在这部片子里看到了一个年轻男孩转变为成熟男人的心路历程，片中男主角在事业、家庭以及与马利的朝夕相处所遭遇的种种故事，总能让他产生共鸣。或许各位准爸妈们也能从这条极其捣蛋的狗身上，看到点什么生活的真谛。

小小剧透一下，詹妮弗·安妮斯顿在片中可是从单身职业女性，一跃成为三个孩子和一条狗的母亲，光是这条故事线，也是很有看点的哦！

《当幸福来敲门》*The Pursuit of Happyness* 推荐指数：★★★★

减掉的一颗星，纯粹是因为该片应该算作一部励志片，而非与孕产有关的应景电影。由威尔·史密斯（Will Smith）饰演的落魄单身父亲相继遭遇妻子离家出走、失业、积蓄散尽、居无定所的窘境，却靠着自身的不懈努力赢得他人的尊重和工作，以及儿子最最珍贵的“你是个好爸爸”的光荣封号。我十分推荐广大时不时就觉得悲观、失望、身处水深火热当中的准妈妈们观看，你们急需这样一部讲述勇气与梦想、坚持与努力，成功与收获的温馨亲情片。

况且，你还可以拉着孩儿他爹的手，督促他早日进化成片尾有若硕硕冬阳般温暖高大的好父亲。

《产前阵痛》*Labor Pains* 推荐指数：★★★

这三颗星全部是打给此片中琳赛·洛翰的（Lindsay Lonhan）几个很有参考价值的孕妇造型，尤其是那套小黄泡泡裙，怀孕后就是无意间看到了这条裙子我才萌生了“坚决不当机器猫”的想法。至于剧情什么的就看个人喜好了，反正是好莱坞一猜就猜得出的剧情走势和想当然的大团圆结局，不过还算可以忍耐。

《超速绯闻》（과속스캔들）推荐指数：★★★

本片是2008年度韩国电影票房冠军。主要情节是三十几岁的外公有个二十几岁的女儿，二十几岁的女儿有个六岁的儿子……这样的人物设定十分离奇，也不具有任何教育意义，更加和孕产育儿知识一毛钱关系没有，但值得推荐的理由是因为这部情感喜剧片实在太好笑太好笑了，完全具备一部喜剧片应有的欢乐元素，配乐和造型也十分温馨，不会让任何喜欢大叔的少女型妈妈或者是中意小正太的育龄妇女失望。

PART 3

孕晚期 8–10月

有肚的地方就有江湖

作为一尊即将功德圆满的容器，每天依旧被人像佛一样供奉伺候着，炉中小娃可以在迎“60大庆”的热火朝天中安然地“隔肚观火”，我是备感欣慰和荣耀的。传闻中会疯长肉、疯长妊娠纹的孕中期业已被我悄然度过，那些神奇的变化似乎一点都没有在我身上应验，我的体重仍然没有冲破历史的最高点，肚子也在尊尊大肚中显得那么的孱小卑屈。

可怜我那涉世未深的肚子，不知道有肚的地方就有江湖，“没有腰”才是每个“肚江湖”中人的终极目标。在场场“肚对肚”的暗战中，我那小身板所受到的歧视哪是尔等江湖外小百姓所能了解的？孕妇学校门口的大妈只会殷勤地给大肚子的孕妇手里塞各类孕婴产品和月嫂公司小广告；公车地铁上只会给穿背带裤的大肚婆让位；等待产检的时候，不管谁的月份大，小肚子的也要给大肚子的让位；领导也在我每日身轻如燕、健步如飞的状态中无意识地给我加大了工作量……

在一尊尊分明叫嚣着“我们的货要比你的货大”的肚肚面前，我那“坚决不当机器猫”的着装口号，显得如此疲软无力，连沈先生目睹了尊尊大肚后也呼吁我要加强营养。直到近日在两位大夫的认真观察下，才还了我小肚一个清白。因此，我是无论如何要写下来，将二位歌功颂德一番的：

B超大夫看了看我的肚子，说真小，但测了测说，小孩一点都不小；产检大夫看了看我的身板，说骨架真小，但测了测说，骨盆一点都不小——这意味着胎儿发育良好，没有过大也没有过小，我用不着增加营养也没必要做孕晚期的减肥，但也意味着本人离顺产这条骇人的道儿越来越近。

关于顺与剖，也属于肚江湖的范畴。一些经验人士在目睹我的小肚后总会发出两种截然不同的声音：一如“你这样好，孩子吃得太大到时候不好生。”一如：“你得多吃点，大不了就剖，孩子大了好养。”

鉴于几位顺产条件极好的江湖前驱仍屈从了被剖的命运，我打定了“见风使舵”的生产态度，并储备好“顺了一半被拉去剖”的大无畏精神，为了面子拼尽最后一滴力量也不鬼嚎，但绝不会去追逐那顺产八斤以上“英雄母亲”之类的江湖荣耀。

肚江湖还有一重要比拼项目就是据肚猜男女。由于我仍保持着一定的腰曲线，因此被院子里众妈妈认定为生男娃，又因我肚皮尚未开花，肚型小且无肚脐凸出又被另外一些老人家认为是生女孩。

当然，号称最最准确的B超测胎法，在前两次检查中，我都提不起勇气去问医师，似乎觉得这娃只要一天在肚中，性别就一直在变，还是留给我这种见到男孩喜欢男孩，见到女孩又想女孩贪心者YY的空间，也总以B超时间太长对小盆友不好为由，拒绝让自己知道肚中是男是女。

但只要一天身在这肚江湖中，就每天都有关于男女的暗战。生了男

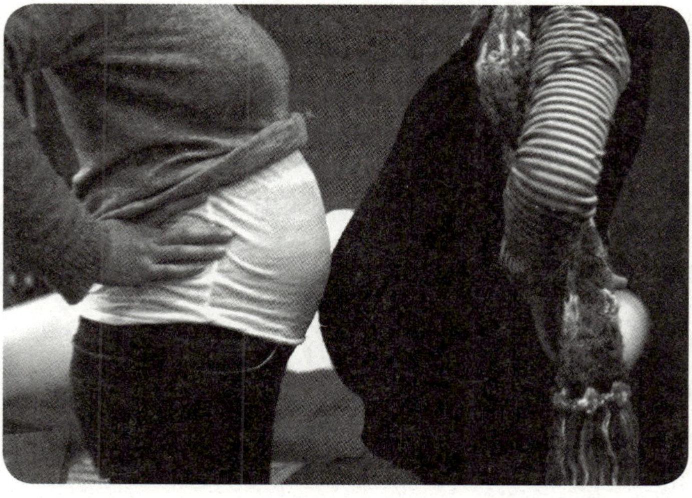

左：29周的肚子　PK　右：37周的肚子（我的肚子完败）

孩的母亲总会用明明就很得意，但还要假装哀叹的神情对我说：“其实我更想要个女孩，只怪我肚子不争气。”生了女孩的母亲也会用同样的神情说：“我就想要女孩，女孩多体贴娘啊。”至于她们在大着肚子的时候到底想男还是想女，就真的不得而知了，或许也跟我一样，一切听天由命，认为不到最后一刻，孩儿都会有转性的可能。

这显然是我的无稽之谈，作为一个在肚江湖打拼仍名不见经传的小人物，只愿肚外的江湖再怎么波涛汹涌，肚内依旧风平浪静，即将面世的小人儿可以健康成长——这也是每个大肚婆最朴素的心愿。

生男生女的江湖传说

在这里八卦一下我了解的生男生女预测法，虽没什么科学性，倒是让人十分惊叹古往今来孕友们的群体智慧，竟然挖掘出这么多可供猜想的门道。并附上我的测试结果，供各位准妈妈亲赴求证。

1.相传在古埃及，当妇女怀孕后，会准备一袋大麦和一袋小麦，每天都要用孕妇的尿浇这两袋麦子，如果小麦先发芽，怀的就是男胎；如果大麦先发芽，怀的就是女胎。据考证，孕妇尿中含有的促性腺激素，即HCG，确实对麦子发芽有促进作用，但没有证据表明与男胎、女胎有何关系——由于本人身处寸土寸金的首都，实在没富裕到可以在自家地盘开辟出一块麦地来佐证古埃及人民的智慧，所以无法作为样本提供此法的测试结果。

2.清宫受孕图法：女性年龄是以农历虚龄（真实年龄加1岁）算，而怀孕月份即是受孕的那个月份，当然亦是以农历算，大家不妨参考一下。

年龄(虚龄)	怀孕月份（农历）											
	1	2	3	4	5	6	7	8	9	10	11	12
18	女	男	女	男	男	男	男	男	男	男	男	男
19	男	女	男	女	女	男	男	男	男	男	女	女
20	女	男	女	男	男	男	男	男	男	女	男	男
21	男	女	女	女	女	女	女	女	女	女	女	女
22	女	男	男	女	男	女	女	男	女	女	女	女
23	男	男	女	男	男	女	男	女	男	男	男	女
24	男	女	男	男	女	男	男	女	女	女	女	女
25	女	男	男	女	女	男	女	男	男	男	男	男
26	男	女	男	女	女	男	女	男	女	女	女	女
27	女	男	女	男	女	女	男	男	男	男	女	男
28	男	女	男	女	女	女	男	男	男	男	女	女
29	女	男	女	女	男	男	男	男	男	女	女	女
30	男	女	女	女	女	女	女	女	女	女	男	男
31	男	女	男	女	女	女	女	女	女	女	女	男
32	男	女	男	女	女	女	女	女	女	女	女	男
33	女	男	女	男	女	女	女	男	女	女	女	男
34	男	女	男	女	女	女	女	女	女	女	男	男
35	男	男	女	男	女	女	女	男	女	女	男	男
36	女	男	男	女	男	女	女	女	男	男	男	男
37	男	女	男	男	女	男	女	男	女	男	女	男
38	女	男	女	男	男	女	男	女	男	女	男	女
39	男	女	男	男	男	女	女	男	女	男	女	女
40	女	男	女	男	女	男	男	女	男	女	男	女
41	男	女	男	女	男	女	男	男	女	男	女	男
42	女	男	女	男	女	男	女	男	男	女	男	女
43	男	女	男	女	男	女	男	女	男	男	男	男
44	男	男	女	男	男	男	女	男	女	男	女	女
45	女	男	男	女	女	女	男	女	男	女	男	男

——我的测试结果为男

3.胎盘位置法：前壁为男，后壁为女，也有反过来的说法（可见其极为不靠谱）——我22周B超前壁，32周后壁，测试结果不明。

4.妊娠线变化法：如果孕妇腹部妊娠线细、短，色泽淡，女胎的可能性大；如果妊娠线粗、长，色素沉着多，可能是男胎。另外，妊娠线在肚脐上的那部分偏左并直达两乳之间，一般生男孩，反之生女孩。也有人说妊娠线从肚脐下到肚脐上都笔直的而且直达两乳之间，那一般生男孩，反之生女孩——我的妊娠线走势表明为男胎（以下以"男"表明我的测试结果）。

孕妈妈专用词典

妊娠线： 大多形成于孕2～4月间。也是孕期激素变化的产物，每个孕妈妈妊娠线长短、深浅都不一样。有部分人这个地方的颜色会加深加粗甚至长出体毛，甚至于会向上延伸到胸部都出现这条中线，但是也有人完全没有变化，这些都是正常的。通常如果是毛发比较多或者色素比较多的人，妊娠线会更明显一些。妊娠线的出现与否和长不长妊娠纹没有必然联系，而且绝大部分人的妊娠线会在分娩后一年内自然变淡直至消失。

5.乳房变化法：类似于妊娠线乳晕变深变大为男，变深无变大为女——男。

6.孕妇肤色法：男丑妈、女美妈——我从怀孕开始就一直长痘，脸色也一直不好，连进产房前的助产师也指着我的脸说："要生男孩吧？"

注：第4.5.6条其实跟孕期雌激素和雄激素分泌不平衡，使色素加深加重，造成皮肤底层色素沉积有关，和生男生女应该没什么关系。

7.胎心快慢法：孕晚期，胎儿心率一分钟跳150次/分以上通常为女，140~150次之间为男——男。

8.唐氏筛查各项指标法：当AFP值大于1，且HCG值小于0.5时，为男；当AFP值小于1，且HCG值大于1的时候，为女；HCG介于0.5~1时，就要看AFP值是否大于1了，大于的就可能为男，小于的就可能为女——男。

9.双项径减股骨长法：B超单上的这两项数值相减，大于2为男，小于2为女——我的结果是等于2。

10.B超单上宝宝形状法：像茄子或长条状为男可能性大，圆圆的为女可能性大——我的看不清楚。

11.胎梦法：古语云孕妇梦见辣椒，萝卜，黄瓜，南瓜，土豆，蛇，乌龟，栗等表明为男；梦见红辣椒，贵金属，地瓜，水果，花等表明为女——梦见过蛇，男。

12.肚脐法：孕妇肚脐外翻的大多为男，不外翻的大多为女——女。

13.酸儿辣女法：孕期喜欢吃酸的准妈妈，生男；爱吃辣，生女——男。

14.指甲月牙法：月牙比较多为男，月牙比较少为女——女。

15.左右脚法：准妈妈进门习惯迈左脚为男，迈右脚为女；准妈妈站起来习惯迈左脚为男，迈右脚为女——女。

16.三岁小孩第三只眼法：据说未满三岁的小孩有看透肚皮内胎儿性别的神眼——在询问小区、公园共计10个小娃后，本人终于得出6男：4女的结论。

17.预产期法：提前生的一般为男，推迟生的一般为女——提前一周，男。

注：以上没有科学根据，纯属消遣。以下，是一些号称经过统计证明的测试方法：

1.男方年龄越大，尤其是45岁以后，容易生男孩。

2.夫妻的年龄相差越大，越容易生男孩。

3.女方在性高潮中受精，容易生男孩。

4.男女双方工作压力较大，容易生女孩。

5.计划内容易生女孩，计划外容易生男孩。

6.女方酸性体质容易生女孩，碱性体质容易生男孩。

——据说是由于X型染色体精子喜欢酸性的生存环境，而Y型染色体精子更喜欢碱性环境而不易在酸性环境中存活。所以可通过平时多吃肉类食品或者多锻炼，促使女性身体整体环境偏酸，更有利于杀死男性精子而留住女性精子，大大提高生女的可能性。反之如果多吃水果素食可以造就偏碱性的身体条件，更有利于男性精子的存活。

如果按照上述几条号称比较科学的统计法，我的测试结果大部分为女。除此之外，还有：

1.孕中期以后，通过B超可大致分辨出胎儿的性别；

2.抽取羊水，检查胎儿脱落细胞的性染色体；

3.测定羊水中睾丸酮激素的含量。

这三种最为科学的检测方法，第一种最为被广大群众所熟知且易于操作，后两者就完全没有尝试的必要了。谁怀孕怀得好好的会没头没脑朝自己肚皮上扎一针，危害自己的宝宝啊？我可是一样也没试过。

至于本章所列举的千奇百怪的测试男女法准不准、可不可靠，就“如有雷同，纯属巧合了”。按照科学家的话来说，男女的自然出生率差不多，胎儿没出生前，哪种说法都给你打不了包票，连大家号称最准的B超测试法也经常出现不靠谱的结果。我想我们一般人，不用带着为豪门家族传宗接代的压力活到老生到老，在孕期闲极无聊时预测男女也就图个乐呗。

理想儿子

他最好是一个很有教养的小绅士，讲卫生、有礼貌。

他很喜欢思考，每当他这个长不大的妈妈问他在想什么的时候，

他会温文尔雅地回答我，笑起来眼睛眯起来，甜到你心里去。

他的数学一定要很好，有什么问题喜欢一个人钻研后，再虚心地向其他人请教。

跟朋友同学甚至是我们发生了争执，也不会发火，

总是耐心地听别人把话说完，再和颜悦色地表达自己的意见。

他比较喜欢和爸爸探讨人生，帮妈妈料理家务。

他生病了很乐观，哄着妈妈说烧烧更健康。

他摔倒了也能拍拍灰尘自己站起来。

如果他做错事情了，不会自责太久，而是一言不发用行动证明。

如果遇到烦恼了，他不会借助文字或者电话宣泄，

我会买一个沙袋放在他的房间里。

我不需要他太懂事，但他坐车会让座，遇到乞丐不会露出鄙夷的眼色。

我不需要他有多孝顺，但我老了，他可以抽空给我捶捶背、陪我说说话。

他可以是一个经济学家，也可以是一个医生。

他一定不常埋怨生活，时常微笑迎人。

哪怕爸爸妈妈给他的环境不好，给他的时间不多，

他一定要比爸爸更宽容，比妈妈更乐观

他会找一个让他开心的女朋友，无论她是何种背景、何种长相。

是不是我要求得太多了？

即使上面的所有你都做不到的话，

即使你不聪明，你不健康，

妈妈还是会一样宠爱你，甚至给得更多。

带给你生命就是给你体验，无论开心也好，悲伤也好。

妈妈只愿你道路漫长，生命丰厚。

2005年12月3日

写《理想儿子》的6年前，我还在读大四。某个贴近生日的冬天，一个人窝在宿舍的小天地里做着甜美的梦，写着暖烘烘的文字，憧憬着一个遥不可及的“理想儿子”。

怀孕十月莫名低落时，翻到此旧文总能让自己平静些，越临近产期越发如此。并非我对小孩的性别有很强烈的诉求，也从不去问B超大夫，二维平面图像中根本分不清眼耳口鼻舌的小肉球到底是男是女。我只是很期待，那个在春天里无意种下的小秘密究竟会不会跟几年前某次心血来潮的“小理想”不谋而合？我的小牵牛或者是牵牛花，会不会长成我理想中的样子？

看在这份“期待”的面子上，我愿意忍受孕后期再度席卷而来的种种不适和无法停歇的对生产的恐惧，愿意静静等待老天爷发派那个终将在冬天降临的天使告诉我，之前所有所有的付出都是为了印证这团曾和你一同呼吸、一同感受的小肉球能创造一个新的奇迹。

我的小牵牛，一定会是个天使。

你也要这样笃定。

怎样看懂孕期B超检查单

医院超声检查报告单常见内容的参考指标

胎囊：胎囊只在孕早期见到。它的大小在孕1.5个月时直径约2厘米，2.5个月时约5厘米为正常。胎囊位置在子宫的宫底、前壁、后壁、上部、中部都属正常；形态圆形、椭圆形，清晰为正常；如胎囊为不规则形、模糊，且位置在下部，孕妇同时有腹痛或阴道流血时，可能要流产。

胎头：轮廓完整为正常，缺损、变形为异常，脑中线无移位和无脑积水为正常。BPD代表胎头双顶径，怀孕到足月时应达到9.3厘米或以上。按一般规律，在怀孕5个月以后，基本与怀孕月份相符，也就是说，妊娠28周（7个月）时BPD约为7.0厘米，孕32周（8个月）时约为8.0厘米，以此类推。孕8个月以后，平均每周增长约为0.2厘米为正常。

胎心：有、强为正常，无、弱为异常。胎心频率正常为每分钟120～160次。

胎动：有、强为正常，无、弱可能胎儿在睡眠中，也可能为异常情况，要结合其他项目综合分析。

胎盘：位置是说明胎盘在子宫壁的位置；胎盘的正常厚度应在2.5～5厘米；钙化一项报告单上分为Ⅲ级；Ⅰ级为胎盘成熟的早期阶段，回声均匀，在孕30～32周可见到此种变化；Ⅱ级表示胎盘接近成熟；Ⅲ级提示胎盘已经成熟。越接近足月，胎盘越成熟，回声不均匀。

股骨长度：是胎儿大腿骨的长度，它的正常值与相应的怀孕月份的BPD值差2～3厘米，比如说BPD为9.3厘米，股骨长度应为7.3厘米；BPD为8.9厘米，股骨长度应为6.9厘米等。

羊水：羊水深度在3～7厘米之间为正常，超过7厘米为羊水增多，少于3厘米为羊水减少。

脊柱：胎儿脊柱连续为正常，缺损为异常，可能脊柱有畸形。

脐带：正常情况下，脐带应漂浮在羊水中，如在胎儿颈部见到脐带影像，可能为脐带绕颈。

孕期正常参数值

孕周	双顶径（平均值）cm	腹围（平均值）cm	股骨长（平均值）cm
16周	3.62±0.58	10.32±1.92	2.10±0.51
18周	4.25±0.53	12.41±1.89	2.71±0.46
20周	4.88±0.58	14.80±1.89	3.35±0.47
22周	5.45±0.57	16.70±2.23	3.82±0.47
24周	6.05±0.50	18.74±2.23	4.36±0.51
26周	6.68±0.61	21.62±2.30	4.87±0.41
28周	7.24±0.65	22.86±2.41	5.35±0.55
30周	7.83±0.62	24.88±2.03	5.77±0.47
32周	8.17±0.65	26.20±2.33	6.43±0.49
34周	8.61±0.63	27.99±2.55	6.62±0.43
36周	8.81±0.57	29.44±2.83	6.95±0.47
38周	9.08±0.59	30.63±2.83	7.20±0.43
39周	9.21±0.59	31.34±3.12	7.34±0.53
40周	9.28±0.50	31.49±2.79	7.40±0.53

胎位缩写常识

胎位为先露部的代表在产妇骨盆的位置，亦即在骨盆的四相位——左前、右前、左后、右后。

顶先露的代表骨为枕骨（Occipibal，缩写为O）；臀先露的代表骨为骶骨（Sacrum，缩写为S）；面先露的为下颏骨（Mentum，缩写为M）；肩先露的代表骨为肩胛骨（Scapula，缩写为Sc）。

胎位的写法由三方面来表明：

1.代表骨在骨盆的左侧或右侧，简写为左（L）或右（R）；

2.代表骨名称，如顶先露为“枕”，即“O”；臀先露为“骶”，即“S”；面先露为“颏”即“M”；肩先露为“肩”，即“Sc”；

3.代表骨在骨盆之前、后或横。例如顶先露，枕骨在骨盆左侧，朝前，则胎位为左枕前（LOA），为最常见胎位。

各胎位缩写如下：

顶先露有六种胎位：	左枕前（LOA）	左枕横（LOT）	左枕后（LOP）	右枕前（ROA）	右枕横（ROT）	右枕后（ROP）
臀先露有六种胎位：	左骶前（LSA）	左骶横（LST）	左骶后（LSP）	右骶前（RSA）	右骶横（RST）	右骶后（RSP）
面先露有六种胎位：	左颏前（LMA）	左颏横（LMT）	左颏后（LMP）	右颏前（RMA）	右颏横（RMT）	右颏后（RMP）
肩先露有四种胎位：	左肩前（LScA）	左肩后（LScP）	右肩前（RScA）	右肩后（RScP）		

什么样的胎位适合顺产

孕早、中期：这个时期胎位不是很重要，因为孕28周以前羊水是很多的，足够宝宝在里面游泳，所以胎位可能会变化。

孕晚期：孕32周以后，宝宝的胎位相对比较固定。

横位：肯定不能顺，想象一下，如果宝宝是横着的，肩膀先进骨盆，怎么能出来呢？

臀位：如果是第一胎，多数是剖。如果是第二胎，或者骨盆比较大，宝宝比较小，而且你坚决想顺产的话，也不是没有可能，当然风险也是有的，多数还是建议你剖，毕竟安全第一。

头位：头位中，也就是宝宝低头，脸朝下方，枕前位是最适合顺产的。枕后位和枕横位都不大适合，但是在胎头入盆以前，宝宝的头并不固定，这个时候不用太紧张，因为临产后宝宝的头会在宫缩的作用下转过来的。但是临产后，如果宝宝的头迟迟不肯转过来，变成持续性枕后位或持续性枕横位，那就比较讨厌了，有可能需要剖。

臀位的宝宝还能自己生吗

张大夫说

胎儿的身体结构比例和我们成年人是不一样的。我们成年人是头小、肩膀宽、屁股大。而在胎体的各部分中，头最大而且最硬。出生时，胎头是先锋，经过充分的塑形，扩张产道，一旦胎头娩出，胎体的其他部分亦可随之迅速娩出。而臀位则不然，胎臀形状不规则而且偏软，这个"急先锋"打造出来的产道可能不够宽敞，比他更大更硬的胎头后娩出的话，很容易卡住，就是老百姓通常所说的难产。

臀部和下半身娩出后，胎儿的脐带会紧紧地挤压在产道和胎体之间，如果不能尽快结束分娩，脐带受压时间过长，胎儿会发生严重的缺氧，甚至死亡。因此在臀位分娩时，需要特殊的"堵臀"和"后出头"接生技法，原则上就是不要让臀部过早过快地娩出，而是迫使其充分扩张产道，保证臀部出来后，胎头也能按照其特有的分娩机制迅速娩出。

"堵臀"和"后出头"技术对臀位宝宝的顺利分娩至关重要，接生技术是医生和助产士的事情。产妇需要做的就是很好地和医生配合。

当孕妇失眠时，她在想什么

不知道是不是娃的活动时间开始跟我有了时差，一向睡觉甚为安稳的我进入孕后期后，睡眠质量日趋下降，每晚总有那么几次要去厕所小解，蹬掉被子被冻醒，又抑或再次焦头烂额地出现在梦中的考场中。

根据佛洛伊德关于梦的解析，梦中的考试辗转地传达出梦者在生活中所面对的压力，如一些想逃又跑不掉的困难或挑战（这个犹太人真不愧是解梦高手中的高手，准得令人流泪）。

我经常在挣扎了数十分钟想以左侧侧卧（注：孕妇最适宜睡姿）入睡未果之后，不停转地思考过去、现在以及将来，热衷在深夜极其敏感脆弱的矫情时刻，变身现代女性，进行貌似痛苦实则毫无意义的关于事业与家庭的艰难抉择。而这种未雨绸缪和乐此不疲已达到令人发指的地步。

比如，在巴西相继取得2014年世界杯、2016年奥运会的主办权后，去南美之心不死之我会详细分析到时候我被派去采访的可能性，但我同时又担心届时会影响小娃读亲子班、上幼儿园、考重点小学等踏入集体生活等人生重大转折。

又比如，我已经考虑到生完了这个还要不要紧接着生第二个，反正我和沈先生都是独生子女有政策不生白不生，但如果隔了太久还不如不生，免得两个孩子年龄相差太大无法沟通难以相亲相爱，达不到我儿女双全其乐融融四口之家的终极梦想。但生了我又怎么调配我的时间精力去兼顾工作和家庭，又有什么合适的人选可以照顾这俩屁大的小孩外加半个小孩的我？

通常我这无谓的“深谋远虑”会在枕边人半哄半梦呓的开解中得到抑制，但当我再次陷入失眠的百无聊赖之时，又会故伎重演在脑中支起未来的画板，描绘得热血澎湃。

“人无远虑，必有近忧”，但我是有远虑无近忧。我的那些“近忧”早在很久以前被我“远虑”过了，又或者我更该感谢我身处的伟大祖国，让我的“近忧”只停留在明天我应该穿什么又或是脸上的痘印什么时候会好这类鸡毛蒜皮的小事上。

科学研究，孕育小孩是对未来充满信心的综合体现，因此我可以很臭屁地把失眠时的种种臆想当成是对未来的正当消遣。但偶尔几天，我也会突然冒出一两个相当邪恶的念头：比如在宝宝出生后，故意让Ta光着屁股睡在铺了婆婆精心选购的床品上，然后一泡屎几泡尿地毁掉那层层印有喜羊羊和灰太狼图案的床垫、床枕和床套等。每每念及于此，总会在夜半人静时，发出令人毛骨悚然的阴笑，因为到那时我就有充分的理由购买心仪已久的奥特曼印花的宝宝床品了！

好吧，请大家看在奥特曼的分上，原谅我这个失眠孕妇令人不齿的念头。

如何应对孕期失眠

随着胎龄的增加，胎儿体积变大，很多生理改变将影响睡眠质量，如下背疼痛、小腿抽筋、尿频及呼吸不顺等。不少医生建议孕妇睡眠时左侧卧位来改善睡眠。这是因为肝脏在腹部的右侧，左侧卧位使子宫远离肝脏。左右侧交替，可缓解背部压力，并保证宝宝的供血流畅。

于是，我在孕后期时兴冲冲地去买了一个侧睡枕。见图：

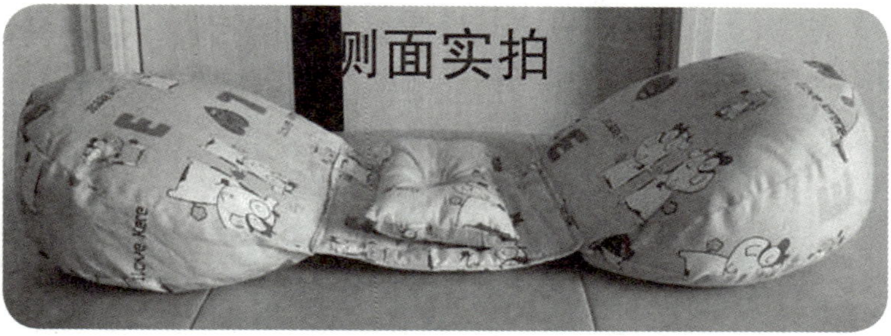

而最终，我发现依仗这么个玩意还是无法固定侧睡位，还是随便把一个枕头放在腹部下方或夹在两腿中间比较舒服。另外，坐起来或躺着时将摞起来的枕头或叠起来的被子、毛毯垫在背后，也可减轻腹部压力。

其他预防孕期失眠的有关建议：

1.临睡前不要喝过多的水或汤，尤其是含咖啡因的汽水、咖啡、茶等饮料。如果实在想喝，也请在早晨或午睡后饮用。

2.早饭和午饭多吃点，晚饭少吃些，这样胃不胀痛，有利于睡眠。

3.养成规律的睡眠习惯，晚上在同一时间睡眠，早晨在同一时间起床。除了睡觉时躺在床上以外，其余时间尽量不要在床上待着。

4.睡前不要做剧烈运动，以及看情节太过刺激的小说、电影和连续剧等。

5.如果由于腿抽筋使你从睡梦中醒来，请尽量伸直膝关节，用力将脚蹬到床边，或召唤老公按照你抽筋部位的相反方向扳脚趾，具体操作为：如小腿后面的肌肉抽筋，可扳脚使脚板跷起；当小腿前面的肌肉抽筋时，可压住脚板并用力扳屈脚趾，并持续1～2分钟，这样有助于缓解抽筋；当然，还要保证膳食中有足够的钙。

不过，即便你按照上述方法还是改善不了你的睡眠也不必恐慌，78%的准妈妈在孕期都有失眠和其他各种睡眠问题，我也很少一觉到天亮。说孕期妈妈的睡眠规律会慢慢变得和新生儿的睡眠规律一样，深层睡眠的时间减少，浅层睡眠的时间增加。这些变化都是为了配合宝宝出生后，妈妈能够随时从睡眠中醒来，为照顾宝宝所作的自然规律的准备，所以有睡眠困扰的准妈妈没必要太过担心。

大肚婆时期的浪漫

对于一枚身怀六甲的大肚婆来说，我一直认为“浪漫”于我和沈先生，就像异乡的家乡菜一样，即便找得到也没那么纯粹。

犹记和沈先生相识之初，万里之隔，那绵延的思念不多会就能吟诵成诗，落笔有如神助。那不得相见的痛楚夹杂着意犹未尽的甜蜜，催化得再平常不过的音容笑貌也美妙起来，仿佛天底下就只有那么一个人让你魂萦梦牵，电话里的每分每秒都填满了浪漫，电台里的每首情歌都能唱出你的心声。

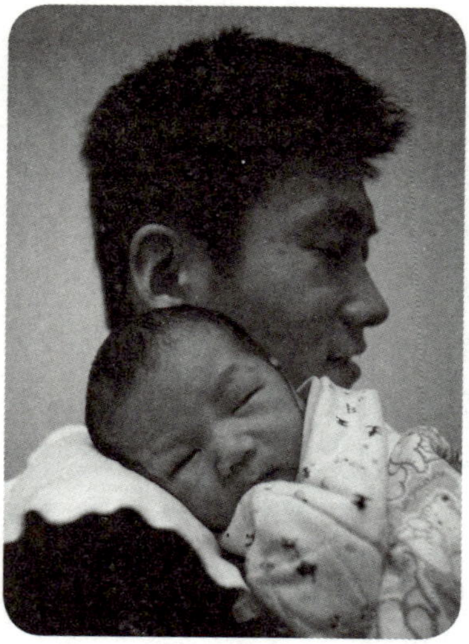

当两人尘埃落定，继而“落地生根”，电话是三言两语的事务交代，情歌也假模假式地换成适宜胎教的古典乐章。虽也有你侬我侬，鸾凤和鸣的幸福，但和从前七分甜蜜夹杂三分苦楚的“浪漫”相去甚远。日子是实打实的日日相见，撕去了刻意讨好的外衣，所能想象得到的也就是鬼哭狼嚎地经历着生命不能承受之痛的血色浪漫。

好在大肚婆是无所谓哪种浪漫的，有个男人能在入冬前帮你把所有的暖气放好气，半夜里跑去电网局帮你买电，买点小礼物、做个小菜、唱个小曲哄你开心，陪你产检打针帮你把眼睛蒙上，入睡前隔着肚皮努力亲吻你……这些个情趣远比从前隔着距离说爱你要实在得多。

临近生日，沈先生婚后第一次出差。这意味着我未婚时期所能想到最浪漫的事就是和心爱的人一起吹蜡烛、切生日蛋糕、放漫天烟火彻底成了泡影。本是一千万个不舍，然则穷极无聊，窝在被子里翻看两人从认识之初的短信和聊天记录，借着数首情歌回归成怀春少女，倒成了一件颇浪漫的事情，仿佛那个熟悉得不能再熟悉的面孔又重新模糊和美妙起来，空气里除了加湿器的雾气，还弥漫着“穿越时空去爱你”的情愫和期待。

当然，这是专属我一个人的浪漫时光，别人打扰不得。沈先生若是在，也就变了味，这和肚中小娃也无关联。所谓小别胜新婚，就是这么一个意思吧。

拿什么拯救你，我的妊娠纹

是谁说，年纪越轻，就越不会长妊娠纹？

是谁说，体重增重不快，就不会长妊娠纹？

是谁说，经常抹这个油那个膏，就不会长妊娠纹？

是谁说，这玩意遗传，只要妈妈不长，就不会长妊娠纹？

是谁说，积极按摩多吃猪蹄保持腹部紧绷，就不会长妊娠纹？

有过以上言论的谁谁谁赶快领去受死受死受死！你们都是坏人坏人坏人！什么维生素E，妙思乐，娇韵诗，Palmers，Burt's Bees，一级橄榄油，那都是幻觉幻觉幻觉！

长不长妊娠纹跟能否顺产一样，大多跟人品有关，无关乎年龄、遗传、预防和按摩、肚皮舞、瑜伽等种种后天手段。天要你生你就生，天要你何时生，你就何时生。还未生的不要得意，生了的也别沮丧。

谁曾想，在32周前都能保持滑嫩如鸡蛋壳般的玲珑玉肚转眼就能变成大西瓜纹肚？这条条纹路，曲径通幽，指向那个罪恶之首。顿时，你从上一刻还摸着他，温柔唱着“宝贝宝贝”的良母瞬间化身龇牙咧嘴的坏巫婆，恨不得立马将这崩裂你肚皮的“足球”夷为平坡。

你一面和老天爷连线，祈求他让形势不要继续恶化，一面查阅大量文献资料，搜刮网上论坛知识，咨询“过来妈妈”和专业医学美容顾问，到头来发现祛除妊娠纹最好的办法还是：忘记！

对于妊娠纹，以人文的角度去认识会更好，一个生过孩子的妇产科医生认识如下

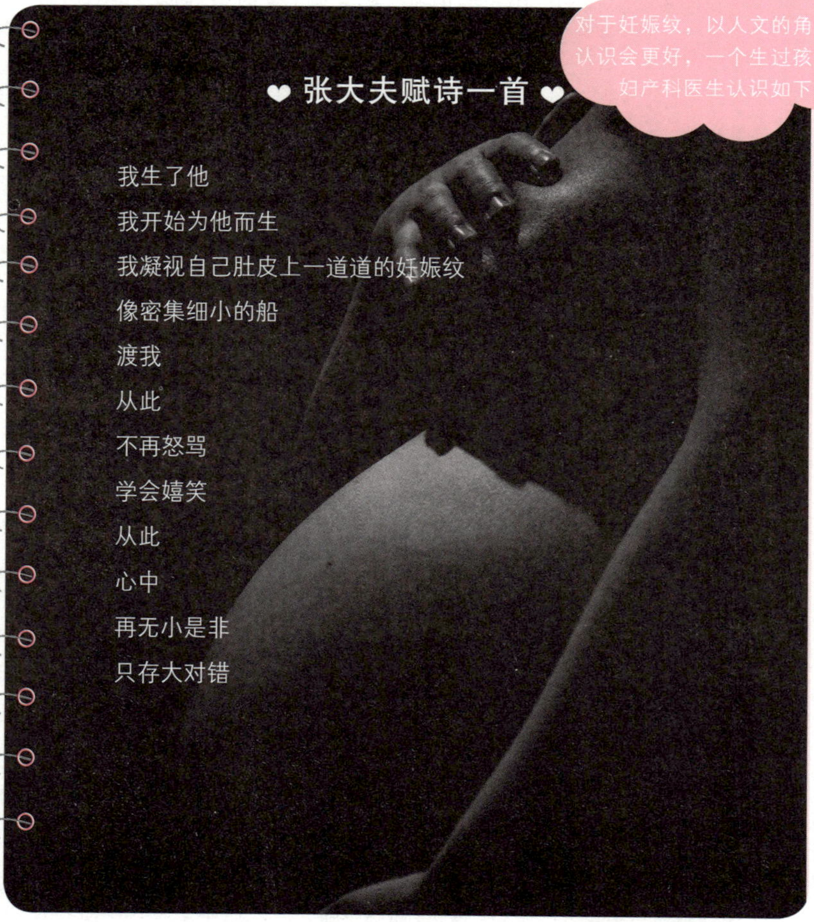

❤ 张大夫赋诗一首 ❤

我生了他
我开始为他而生
我凝视自己肚皮上一道道的妊娠纹
像密集细小的船
渡我
从此
不再怒骂
学会嬉笑
从此
心中
再无小是非
只存大对错

脐带绕颈，摔一次绕一次

在32周之前，我的怀孕旅程除了早期因吃药和隐形眼镜起过丝丝涟漪外，一直是无风无浪的一面碧波明镜，走得那叫一个相当的顺风顺水。鬼晓得，脐带绕颈这么富有创意的举动，发生在某小盆友身上了。

记得那是一个入冬的傍晚，我和周老师晚饭后去附近的公园散步。期间两人不知为何起了一点争执（我跟我婆婆倒是从来没有），我故作赌气大步流星地独自向前走，不料路遇一排不足5cm高的小石阶，便华丽丽地绊倒了。

只见我摇摇晃晃，像个熊猫似的晃晃悠悠地试图与地心引力抗争，无奈一双34寸的“金莲”狂挽不了一大一小百余斤的两件“重货”，终于是不可挽救地垂到在地。后来居上的周老师连忙挽住我一只手，大呼：

“我怎么负得了这责任啊？”

由于摔下的速度自觉缓慢，倒在地时也没啥流血和不适反应，为了给“怕负责任”的周老师压惊，自己拍了拍屁股上的灰尘，和她说说笑笑回到了家。

沈先生听闻后惊觉我摔倒后的不作为，脑海涌现无数早产的血泪图景，拉着我拼命往医院急诊室里冲。

听胎心没事、量血压没事、看反应没事。照B超……好吧，本想着因祸得福，沈先生终于可以堂而皇之地在急诊室的B超室一睹牵牛同志的真容，没想到却得到“脐带绕颈一周”的“噩耗”。

“大夫，脐带绕颈一周能顺产么？”

“绕一周一般问题不大，也许过几天，它自己就绕回去了。”

“那万一它绕不回来，还又多绕了一周呢？”

“等临产前检查出来再说吧。”

“有什么办法能让它绕开吗？”

"这个，还真没有。"

走出B超室，门口一陪人看病的阿姨不知怎的瞟到了我的B超单，突然问了一句：

"你是不是摔了啊？"

"是啊，您怎么知道的？"

"人家都说摔一次，孩子绕颈一次。我同事以前摔了三次，绕了三圈。"

"那后来呢？"

"没有后来啊，只能怪她太不小心了，脐带绕颈太多圈顺产时有风险呢。"

唉，看来作为孕妇，连摔跤的资格都没有。这个时候只能祈祷小盆友赶紧松开那个脐带吧，还有一个多月，请您小人家加油加油！

孕妇摔跤怎么办

张大夫说

首先，孕妇在日常生活中需要格外小心，尽量避免摔跤，例如尽量避开湿滑的路面，尽量选择有防滑设计的鞋子，尽量不要登高或者做一些危险的、高难度动作。

胎儿有子宫的保护，而且宝宝身体柔韧，羊水还有很好的震动缓冲作用。所以，万一不小心摔跤了，基本上不用担心宝宝会摔坏胳膊大腿。从妇产科医生的角度，最担心的就是胎盘早剥。剧烈的震动可能将附着在子宫内壁上的胎盘部分或者全部震落，孕妇表现为腹痛，阴道出血，胎动有变化，严重者母儿都有生命危险。

一般的小摔，如果没有腹痛，没有阴道出血，宝宝胎动正常，可以在家中观察。如果有间断性腹痛，或者腹痛根本没有间歇，同时还有阴道出血，不论出血量多少，或者胎动异常频繁或者异常减少，都应该及时就诊。

后记

一般情况下，只要脐带不是过短，B超未显示有明显勒痕，绕颈一周并不会影响顺产和导致胎儿窒息，但我仍希望在生产前消除这种安全担忧。摔了这个孕期唯一的一次跤后，我几乎天天都在祈祷小盆友能赶紧绕出那条“营养供给带”。直到37周一位年轻貌美的B超医师给我指出，已无脐带绕颈后，心中的那颗小石子才最终放下，在生产的过程中也再无此顾虑。

有趣的是，小牵牛的出生报告上明确指出，这孩子还是让那细细的脐带绕了脖子一周。试想37周最后一次B超，若大夫告诉我脐带仍绕颈，可能会加重我在顺产时的思想包袱，不可能那么一绝到底地将顺产进行成功。所以换个角度想，我是不是还得感叹一番临产前约不到主任B超医师的"焉知非福"？顺道再给那位学艺不精的年轻B超女医师送面"打消顺产顾虑"的锦旗呢？

脐带绕颈
难道是要上吊

张大夫说

脐带绕颈是脐带缠绕最常见的一种情况，老百姓也通常说成“脐带缠脖”。另外，脐带还可能围绕胎儿的四肢或者躯干，严重时会出现五花大绑的情形。绕脖子一圈的情况是最多见的，占20%左右。发生的原因可能是脐带过长，胎儿过小，羊水过多，或者胎动过频有关。

很多准妈妈拿到这样的B超报告后都会很恐慌。自己的宝宝被自己的脐带勒住了脖子，这可如何是好，会不会越勒越紧，难不成宝宝要在自己肚子里上吊？进而会求仙医的秘方。如何能让孩子解脱这一圈套在脖子上的脐带呢？

脐带是联系在母亲和孩子之间唯一的一根纽带，所有的氧气养分都通过这条生命管道输运，至关重要。

脐带外层是羊膜，内含卵黄囊、尿囊、两根脐动脉和一根脐静脉，中间填充华通胶（Wharton Jelly），脐带表面的羊膜羊水保证它像一条异常光滑，难以抓握的水蛇一样，另外，华通胶有保护和支撑脐带中的血管，不会轻易被压瘪。同时，脐带本身具有一定长度，多能在宝宝脖子上自由滑动，一般不会发生孩子被勒断气的情况。

发生脐带绕颈，可以说神医也没什么高招儿能把套上去的一圈脐带松解下来。但有时候，伴随胎儿在子宫里的运动，一部分脐带会得以自然松解。需要准妈妈们做的就是更加认真地计数胎动，如果自觉胎动异常频繁，或者宝宝异常安静，都应该立即就诊。

脐带绕颈的宝宝多能被阴道分娩，不是绝对的剖宫产指征。北京协和医院产科总结定期在我院进行产检的孕妇分娩情况，发现大概每4到5个宝宝中间就有一个脐带绕颈发生。总的来说，这些宝宝多能被阴道顺产。但是，整个分娩过程需要医生严密的观察，时刻注意胎心的变化以及胎头下降的情况，一旦出现胎心异常，胎儿宫内窘迫，或者产程延长等现象，应该积极考虑剖宫产结束分娩。

我的研究“生”笔记——孕晚期

怀孕28周以后称为“孕晚期”，必须特别注意预防早产和妊娠中毒。为了把产假尽量挪到产后，我大概是第36周才停工，正式在家待产。这个时期能否安全度过，将左右你的分娩，所以振作精神，鼓足勇气，密切观测是成功打败“生产”这个大Boss的重要整顿期，各位准妈妈一定要储备好力量，满怀信心地积极应战！

一、孕晚期常见不适

尿频尿急

一般出现在前3个月末及末3个月。若因胎儿压迫引起且无感染症状则无须处理。

便秘

和尿频一样，便秘经常困扰我，尤其是补充钙片后情况更为严重。每天沈先生关心我身体状况时，总免不了一句：“拉了吗？”我试了许多招，都不是很有效果，但经过实践，我终于到一个特别好用的解便秘妙招：

1.每天早起后先喝一大杯开水，有利于刺激肠道。

2.接着开始散步或者在室内走动。散步的同时练习瑜伽式的腹部深呼吸，给宝宝换新鲜的空气，也利于肺部和腹部的健康。

3.走路时用双手敲打两侧的大腿，具体方法是双手自然下垂，握拳，在大腿外侧来回敲打。

4.感觉便意，准时蹲坑。

坚持此法能大大改善便秘现象。在吃早餐或上午加餐时，加一根香蕉和全麦面包，成效更为显著。

注意：未经医生允许，千万不可使用大便软化剂、助泻剂等，否则可能会引起宫缩、导致流产或早产。

妊娠期水肿

妊娠期水肿可分为两种，一种是生理性水肿，这是大多数准妈妈都会经历到的，主要由于子宫压迫造成，增大的子宫会压迫从心脏经骨盆到双腿的血管，造成血液流通不通畅，引发浮肿;另一种是“病态性水肿”，由疾病造成，如妊娠中毒症、肾脏病、心脏病或其他肝脏方面的疾病，经医生诊断后一定要配合治疗，以确保自己和胎儿的健康。

水肿的判断：

将大拇指压在小腿胫骨处，当压下后，皮肤会明显地凹下去，而不会很快地恢复，即表示有水肿现象。

牵牛妈支招

第一招：一定要少吃盐

北方人口都比较重，所以北方的准妈妈在这一点上就一定要注意了，因为怀孕以后身体调节水分和盐分的能力本来就下降了，如果再不吃得清淡一些，很容易导致身体内钠的含量过高，孕期水肿严重的就需要就医治疗了，所以每日盐的摄入量最好控制在10克以下。

可能我本来就是南方人，一直喜欢吃清淡的东西，家里也坚持低盐低糖低脂的原则，所以整个孕期都没有出现明显水肿的现象，孕前穿34码的鞋，孕后还是穿34码的鞋。

第二招：把脚垫高、热水烫脚

因为水肿主要是出现在下肢，所以一定要保证腿部和脚部有良好的血液循环。我晚上睡觉的时候经常垫一个15～20厘米的小枕头或者小被子在脚下，平时在家里的时候坐在沙发上或者没事时都会把脚垫高，不会总窝着坐。

晚上睡觉前，可以用热水烫烫脚，让老公帮忙按摩一下脚部和腿部，尤其是脚脖子附近，这样也能促进脚部和腿部的血液循环。即使没有出现妊娠期水肿的不适，这两项措施也会有助于睡眠。

第三招：红豆水

红豆、冬瓜和薏仁都是利尿、消除水肿的好东西，但薏仁被列入“孕期食物黑名单”，所以孕妇最好不要过多食用。但红豆水和冬瓜就没问题了。尤其是红豆水，煮起来很方便，一次煮多一点就当水喝好了，一直吃到坐完月子，效果绝对明显。

第四招：充分休息

因为人在静养时心脏、肝脏、肾脏等负担会减少，水肿自然会减轻或消失。

第五招：左侧睡

左侧睡除了可以帮助提高孕期睡眠质量，还可以避免压迫到下肢静脉，减少血液回流的阻力。但我从怀孕以后很难坚持朝着左侧睡，即便买了侧睡枕也经常醒来发现自己已经是仰着或者是右侧着的了，在肚子不怎么大的孕早期甚至一度趴着，总是在晨起缓过神来的时候才猛地意识到自己肚子里有一个活物的事实。

第六招：注意保暖，不要穿太紧身的衣服

因为寒冷和紧身衣都会导致血液循环不畅，从而引发身体浮肿。

第七招：多吃富含钾、维生素C和维生素B的蔬菜和水果

富含钾的水果有香蕉、梨等；富含维生素C的有柠檬、草莓等水果和各种黄绿蔬菜；富含维生素B的食物，包括猪肉、花生等，这些食物都有利于消除脚部和腿部的浮肿。

第八招：多吃红枣、鸡胗、海带、木耳之类的食物

对此，我从网上抄了几个菜谱，都不是太复杂的，各位有条件的准妈妈可以让家里人帮着做来吃一下：

红枣黑豆炖鲤鱼

材料：鲤鱼1条、红枣8个、黑豆30克

调料：葱段，姜片、盐、料酒各少许

做法：

1.将鲤鱼宰杀，去除内脏洗净，切成段;红枣洗净，去核;黑豆淘洗干净，用清水浸泡一夜。

2.锅中放入适量清水和鲤鱼段，用旺火煮沸，再加入黑豆、红枣、葱段、姜片、盐和料酒，改用小火煮熟即可。

此菜以鲤鱼为主，配以红枣和黑豆，可利水消肿、补虚养血。在孕晚期，对于体虚、四肢浮肿的准妈妈来说，是一道应对体虚水肿和孕期水肿的食疗佳品。

冬瓜汤

原料：冬瓜150克、黄瓜50克、香菜、葱、醋些许，盐少许。

做法：

1.把冬瓜、黄瓜切薄片；

2.底油烧热，炒冬瓜、黄瓜；

3.添水，烧开后依口味加醋和少许水淀粉，最后放入香菜。

有的准妈妈胃口较差，这道低盐冬瓜汤兼有消暑、开胃、补水又利水的功效，是水肿准妈妈的一个好选择。

姿势不对，起来重睡

张大夫说

在产前检查门诊，经常会有孕妇问我，大夫，孕妇书籍还有孕妇学校都教我们左侧卧位睡觉。但我就是觉得不习惯。有时候，睡着睡着突然发现自己变成右侧卧位了，生怕自己的不小心伤到肚子里的宝宝，结果，惊醒后再也没法入睡了。

这种比较敏感、较真儿、内心里追求完美，甚至多少有点小小神经质的可爱准妈妈还确实不少。本人自己怀孕的时候，也面临过这样的问题。其实，一直一个姿势睡觉，真的挺累，或者起码不太舒服。

对于健康的未孕妇女，无论取什么姿势睡眠都无关紧要，只要自己舒适就行。对于孕妇来讲，适宜的睡眠体位对胎儿生长发育及防治妊娠并发症的作用还是不容小觑的。

妊娠早期，子宫增大不明显，孕妇的体位对胎儿和母体的影响不大，随便睡。

孕中期以后，子宫增大迅速，从医学角度来看，我们主张左侧卧位休息，这是有科学道理的。

没有怀孕的子宫只有一个库尔勒香梨大小，但是怀孕后，这个子宫会像吹了气的皮球一样，随着孕周的增长、宝宝的长大而不地变大，整个容积从非孕期的5ml一直增加到5000ml，甚至更多，重量由非孕期的50g长到足月时候的1100g。最后，甚至长到离准妈妈的"心口窝"不远的位置上。随着妊娠的进展，子宫的形态也由倒置的梨形变成球形。但是，由于乙状结肠和直肠固定在盆腔的左后方，故妊娠子宫常有不同程度的右旋。

左侧卧位可以纠正子宫的过度右旋，避免增大的妊娠子宫压迫腹主动脉及下腔静脉和输尿管，增加子宫胎盘血流灌注量及肾血流量，有利于胎儿的生长发育和防治母体妊娠期并发症，降低围产期孕妇和胎儿发病率及死亡率。当然在长时间的睡眠中，不可能保持一种姿势不变，可以左右交替，但最好多取左侧卧位。

需要提醒准妈妈们的是千万不要过长时间地仰卧位休息、睡觉，也就是说不能像普通人那样四仰八叉地躺着，尤其是到了怀孕后期。因为长时间仰卧位，会导致增大的子宫压迫脊柱侧前方的腹主动脉，使子宫胎盘血流灌注减少。同时，沉甸甸的子宫压迫下腔静脉，回心血量减少，心输出量相对减少。除减少子宫胎盘血流量外，还会造成全身各器官供血量减少，出现头晕、心慌、恶心、呕吐、出冷汗、血压下降、脉搏加快等症状，医学上称之为“仰卧位低血压综合症”。持续时间越长，越影响胎盘供血量。可能造成胎儿宫内发育迟缓、宫内窘迫，在极个别的情况下还可以危及宝宝的安全。这种睡觉姿势不对，需要起来重睡哟。

腰背疼痛

进入孕晚期，很多妈妈腰部承受的负担相当于体重增加到2～4倍，所以经常感到腰酸背痛，这属于正常现象，无须也不能使用止痛药或外用膏药，只能通过一些靠垫减轻负重、减轻疼痛。此外，穿低跟鞋、避免长时间站立、睡硬板床也能减少这方面的不适。

下肢痉挛

也就是大家熟知的抽脚筋，多由缺钙造成。适当补钙，但不要太多，否则可能造成胎儿囟门早闭和加重便秘。

贫血

孕期经常感觉头晕或站起来时感到眩晕、头痛、呼吸困难等症状，应怀疑有贫血倾向。如经诊断发现贫血，则要增加含铁食物，如动物肝脏、瘦肉、蛋黄、豆类食品。如重度贫血需服用铁剂，建议用温水或果汁送服以加强吸收，宜在饭后服用。和补钙的药物一样，铁剂有可能加重便秘，还可能引起大便发黑。

二、孕晚期自我监护

减少工作量

28周后应适当减少工作量，避免长时间站立或体力劳动。建议每天睡8小时。如条件允许，每天午休1～2小时，室温保持在22～24℃比较合适。应避免攀高举重，进行一定的户外活动，但不要到人多拥挤、空气不佳之处，更不能有长途旅行、性生活等危险行为。

数胎动

30周后，每天早、中、晚各抽1小时来数胎动，每小时胎动次数≥3次为正常；胎动次数乘以4就是12小时的胎动数。如12小时胎动数小于10次，应立即就诊；如在20～30间应注意，第二天继续注意数；30次以上为正常；若胎动数比平时减少一半，应继续再数1小时。如仍未好转，应速去医院。

牵牛妈现身说法

可能因为实在孕傻得厉害，我一次都没有数清楚过胎动，经常觉得小家伙1小时内动了快100下。碰上他打嗝或者什么激动的时刻，我更是数胎动数得手软。医生说要很厉害的动才算真正的动，可这种手感我实在掌握不了。各类资料在不断强化数胎动的重要性，我只好到了孕晚期还买了一台价格不菲的电子胎心仪，方便倒是方便，至少我能确保娃每天在肚里过得还好，但也不敢闲来没事就抄起家伙来听小娃的心跳，据说这也有辐射嫌疑。

好在36周就可以到医院去做专业的胎心监护了。只见一个小屋子里四五个孕妈妈，敞着大肚皮绑上各种仪器，那此起彼伏的“咚咚咚”的心跳声仿佛一首荡气回肠的生命交响曲。

注：一般胎动时，胎儿的心跳会加速，所以在监测到某一段胎心率特别高时，准妈妈不必过分惊慌，如果有异常，会有专业的医师指导你就诊。

临产症状

腹部阵痛：每隔5～6分钟一次，每次持续30秒至1分钟。

见红：预产期前1～2周内，出现血性分泌物。

破水：突然有大量液体流出。发生后应立即平躺，由家属送医院，以防脐带脱垂而危害胎儿生命。如住处没有电梯，用担架抬产妇下楼时应头冲下。

产前体操

包括双腿交叉盘坐、足对足轻压双膝、抬臂运动、举腿运动、举腿外展运动、脊椎伸展、膝胸卧位（纠正胎位）等。如能坚持锻炼，则有利于分娩。

其中膝胸卧位又叫“蛤蟆功”，是《东邪西毒》里西毒欧阳锋的独门暗技。因为这个姿势确实很像一只大蛤蟆，所以很多坚定要顺产，宝宝却遭遇臀位的准妈妈为了将屁股朝下的宝宝扭成头冲下的头位，都在苦练这门技艺。

具体步骤为：跪在床上，臀部尽量翘起抬高，胸贴在床上，头放在手臂上。全身的重量都靠膝盖和胳膊支撑，而且一定要保证臀部是最高点。每天做两次、每次坚持10～15分钟。

臀位是否都需要纠正

张大夫说

胎儿在妈妈肚子里一般都是大头朝下的，臀位是最常见的一种异常胎位，也就是说，这种胎位的宝宝，是大头朝上安坐在妈妈子宫里的，占足月分娩的3%～4%。

妊娠30周之前，胎儿小，在子宫里的活动度也相对较大，臀位的胎儿多能自行转为头位，不需特殊处理。如果30周以后仍为臀位，可参照图中所示的胸膝卧位进行矫正。传统产科学教材中，还有介绍医生徒手进行外倒转的方法，因为有诱发胎膜早破、胎盘早剥以及早产等危险，目前临床已经很少使用了。以下是胸膝卧位纠正臀位的一些注意事项：

1.之前先排空小便；

2.松解裤腰带；

3.每天2～3次，每次15分钟，连做一周后复查B超；

4.这个体位可以使胎臀退回盆腔，以利于胎儿借助重心的改变自然完成胎先露的转位。

5.注意计数胎动，有异常随时就诊。

目前，还有一部分医生坚持不对臀位进行干预的观点。他们认为，胎儿在母亲体内所采取的臀位，可能是出于一种自我保护措施，胎儿这种特殊的体位可能和胎盘位置的异常，或者子宫本身可能存在某些不易发现的畸形，或者和脐带的长短都有关系，如果一概进行胎位的纠正，并不见得所有孕妇都能真正从中受益。

三、关于产假

基本产假

各个地区各个单位对产假的规定都有所不同，各位准妈妈在怀孕之后应该迅速向相关部门了解自己的权利，对整个孕产期根据自身情况进行调整和及早申假。一般为：

90天+30天（晚育）+15天（难产）+15天（多胞胎每多生一个婴儿）

这90天产假具体分配为：产前假15天，产后75天。产前假一般不得放到产后使用。若孕妇提前生产，可将不足的天数和产后假合并使用；若产妇推迟生产，可将超出的按病假处理。

晚育：指已婚妇女23周岁以上，生育第一个子女时。

难产：指剖宫产，产程中使用吸宫器、产钳等非正常顺产者。

产假90天是按自然天数计算，包括双休日和国定假日：晚育假、晚育护理假包括双休日，但不包括国定假日，遇法定节假日顺延。

产前工间休息：怀孕7个月以上，每天工间休息1小时，不得安排夜班劳动。

授乳时间：婴儿一周岁内，职场妈妈每天可享用两次授乳时间，每次30分钟，也可合并使用。

如工作许可，单位同意，可以申请的产假

产前假：怀孕7个月以上，如工作许可，经本人申请，单位批准，可请产前假两个半月。

哺乳假：女职工生育后，若有困难且工作许可，由本人提出申请，经单位批准，可延长至6个半月。

保胎假：医生开证明，按病假待遇。

牵牛妈现身说法

要不是北京普降大雪，领导担心我路滑易摔，建议我提早待产，我可能会一直上班到分娩。并不是因为我是个特别勤奋的事业女，而是我实在受不了整天待在家里，只能和自己肚子傻傻对话的日子。

生产前的假我用的是年假，刚巧一用完，我就生了。90天的产假+30天晚婚+15天老公的产假全挪到了产后，加上申请的90天哺乳假，我把大量的假期都用来学习照顾出世后的牵牛。这种安排于我这种有信心照顾好一个地球，但缺乏经验难以搞定一个小人儿的新手妈妈，我想还是适合的。各位准妈妈可以根据自身的情况进行综合考虑和安排，毕竟每个人的身体素质和经济基础都是不同的，各人所在单位和公司对产假的规定和薪酬管理也是不同的，一定要提前把假期安排妥当。

PART 4

生产

风萧萧兮易水寒

自大夫说小东西已经入盆，全家人的神经立马被挑拨到最敏感区域，大有严阵以待之感。话说前两日我和沈先生还颇情趣地拍着生活照，自顾自地进行游戏、电影、会友等吃喝玩乐事项，天真地以为讨论小崽出生喂养等艰巨任务还为时过早。但生娃这么具有人品（RP）的事情，哪由得造娃的人说得算，即便前一周的B超还分明显示胎盘为II级，胎头未入盆，以为小娃可能磨蹭到预产期即我生日那天，但很可能下一秒我已破水见红抑或阵痛进入到所谓完整女人的另一个世界。

可以说，此刻我的心情是复杂的，大有“风萧萧兮易水寒”的悲壮感。在听闻过各类生产的奇闻逸事之后，无论是惨痛如受刑还是轻松似如厕，得出的结论无非是：“过程是不尽相同的，痛苦是必经的”。

作为一枚结了婚就没碰过一点家务，婆媳没有发生过任何不合，两亲家好成一片，整个怀孕期间胡吃海喝只长了20斤，娃估摸身长体重倍儿标准应该很好生的高RP孕妇极其不愿这一天到来，她已深刻认识到一旦娃出世，她在家里的地位便会急转直下，被众人供养的舒坦日子也就到了头。

㞞人如我，在众足月孕妇焦急等待胎儿出世的大主流中，我却一直想做一名逃兵。旁人问“我准备好没？”我只想说，要是可以准备，我可能等到没法生了都觉得自己没准备好；同龄女褒扬我勇气可嘉，我只是肉在砧板，肚已渐大，奈何不得；孕中期曾在父母的妖言惑众下展望过二胎的美好生活，如今是幻想某一天早上，肚子突然就平了，再也没有隆起这一说。

平时闲逛的孕婴论坛充斥着为宝宝铤而走险、放弃美貌、吃苦耐劳等种种可歌可泣的伟大事迹，不管是多年未孕终得麟儿的喜极而泣，还是产检结果不佳焦灼闻讯的痛不欲生，都散发着浓烈的母爱。我一方面由衷地钦佩着这些大隐隐于世的英雄母亲们，认为她们比我见过任何一个色艺双绝、满腹经纶的女人都勇敢厉害得多，另一方面也邪恶地发问，为了在肚子或“幸福之门”上划上一刀，为何要如此付诸心血和努力？一个小娃的诞生，真的能让你感觉到那种忘我的喜悦和成就吗？

“等你看到你的小孩，你就不会觉得痛了，什么都值得了！”周老师和婆婆如是说，果真是如此，我倒觉得这种经历可以成为我坚持下去的理由。想起之后还有坐月子喂奶喂养孩儿等种种麻烦事，越想越头疼，无法肯定自己能不能成为一名合格负责任的好母亲，只希望牵牛会是一个大玩具，经得起我玩一辈子……

码着以上的字，摸着肚里已日渐体恤、随我日出而作、日落而息的乖娃，吐露着一个表面上是辣妈，其实不值一提的大肚婆的真言，谨以此纪念我入产房前的忐忑和碎碎念。

同志们再见到我，可能已经是另外一种语境了！

出子宫记——牵牛爸直录

进入12月，家里的每个人都仿佛被一种潜在的紧张所笼罩。小牵牛的预产期越发临近，每个晚上，我和牵牛妈都在猜测，这可能就是我们前往医院的一夜。

4日晚饭后，不知为何，我蹲在地上，把待产包里所有的东西都检查了一遍。仿佛冥冥之中有所联系，牵牛妈当晚就迎来了一阵阵宫缩，从每隔10多分钟到每隔5分钟不等。5日凌晨1点多，我被旁边的呻吟声惊醒，转身看到牵牛妈痛苦地蜷缩着。赶紧翻身下床，一边安慰，一边看表。这次的疼痛有点长。不会是见红了吧？拉开一看，果然！两人赶紧穿衣服，打电话叫两位母亲，带着零零碎碎打车直奔医院。

12月6日凌晨5点，牵牛妈在待产室里等待更为剧烈的宫缩到来。

急诊挂号，检查，交钱办手续，牵牛妈和我2点多住进了单人待产室。我穿着白大褂，房间里有一个沙发、一张床、一把椅子和一个破电视，有点像日本片儿里的场景。每小时听胎心，每2小时查宫缩，每4小时看宫口情况，一晚上就这么在疼痛的清醒和提心吊胆的睡意中度过。

5日上午，牵牛妈的宫缩依然不够强烈，宫口1指未开。因为不具备引产、生产等资格和条件，我们被安排到了外面的计划生育病房。从家属可以陪护的单人间到每天只能探视3次的6人间，黄总有点接受不了。既然还没开指，要不我们就出院在家等着吧？不行，住院

24小时之内不能出院。没办法，只好把黄总一人留在病房。她在那确实显得有点格格不入，其他人都是想方设法要打掉孩子，只有她巴望着那个小祖宗快点出来。

一天无事，我睡了几小时补充体力，等着晚上会有新的进展。

6日凌晨1点多，又是凌晨1点多！手机急响，以为是要生，原来是开了1指，终于又恢复了住进单人间的资格！带好笔记本电脑、相机、录音机、PSP等赶过去，活像个多媒体记者，倒不像是个要陪人生娃的丈夫。

从那时起直到晚上11点，黄总保持着20来个小时只开1指的状态。每一次疼痛都是矛盾的，既希望它来得更猛烈些好引发宫口更快速地变化，又希望它来得轻柔些，因为那时高时低时明时暗的呻吟听起来实在不怎么销魂。

之后，黄总的宫口从2指开始向外缓慢扩张。疼痛也肆无忌惮地增强。7日凌晨4点左右，开了4指的牵牛妈被拉去做人工破水，以加快产程。此时的她已经完全无法入睡，时不时会被规律的宫缩从睡意中拉出来。她扭动着身体的各个部位以略微减轻痛苦。很长一段时间，她背对着我，小小的身子略略蜷缩着，面向墙壁吞噬痛苦，仿佛要靠一己之力构造一张坚固的盾牌，把痛苦独自挡在她和墙壁间的小小空间里，丝毫不泄漏给我。她无法忍受了，就开始撕扯自己的头发。我赶紧用双手护住她的脑袋，那些细小的手指在我的手臂上有力而虚弱地扣、抓、拧……

窗外渐渐发亮，牵牛妈开始痛哭着哀求要做剖腹产，最不愿意发生的一幕终于还是来了。我只有安慰和劝说，但无法松口。因为照她的条件来说，顺产应该没问题。如果这时候放弃，之前50来个小时的努力就付之东流。而且一想到剖腹产后的种种弊端，更无法让我作这个决定。就这么你来我往地僵持着，疼痛加疲劳，黄总有时甚至会表现得像失去知觉，但很快又会是新一轮的苦苦哀求。我还是坚持着，甚至想对她说："你抽我两下解解恨吧，但你还得坚持自己把孩子生下来！"

牵牛妈在怀孕期间，和她母亲的关系也在发生着微妙的变化。仿佛将要做妈妈，就更能理解母亲。这个时候，我想还是得请岳母出马劝劝她。单人间里只能有一名家属，我站在走廊，惴惴不安。母亲在一边陪着，两人无语。她偶尔离开一会儿，回来后眼圈就又红一次。

等着等着，见牵牛妈被推进产房，说是检查，说是也许进去就不出来了。好消息！这时婆婆已经提前回去准备小米粥了。因为大夫们要查房，我被请到了更远的地方。抽空把录音机塞给岳母，请她帮忙录下小家伙的第一声哭声。

站在漏风的过道，突然有种似曾相识的感觉，仿佛没有复习好功课的学生站在考场外。想进去有点不敢，回头逃开又完全不可能。他/她是男孩还是女孩？该起个什么名字？这三口之家的未来将是怎样的？……

电话响，传来岳母兴奋、克制、简短的声音：“生了，男孩，好漂亮，我拍了照片……”嗯，他来了，哥们儿他真的来了！

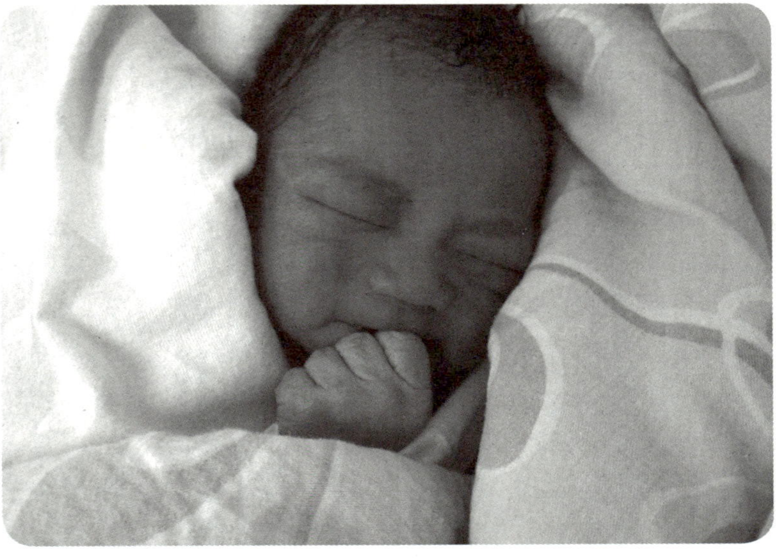

2009.12　牵牛出生半小时

原来我也是“英雄母亲”——牵牛妈顺产直播

2009-12-05 02：19

直播：1点半见红，2点左右进产房，等待小牵牛出世。

2009-12-05 03：02

一切都好，竟然给我住上了传说中的单间，就是病服裤腰太大了，可以装两个我！沈先生在录音拍照忙得不亦乐乎！我被勒令休息节省体力了！大家晚安！

2009-12-05 07：33

伴随着周围的鬼哭狼嚎，一夜无眠的我一点进展都没有，沈先生在考虑要不要去上班，此刻我是多么盼望疼痛来得更猛烈些啊！另外得知宣武医院是没有无痛分娩的，一股悲壮之情油然而生！

2009-12-05 08：01

清洁阿姨看我镇定自若，以为我生完了。天哪，我不会因为占着单间不生娃被赶出医院吧？上天，请赏赐我大大的疼痛吧！

2009-12-05 13：30

悲剧了，真的从单人间被轰入多人间，不允许陪护也不允许回家，赶紧痛啊，太难熬了！！内检了三次一点进展都没有！！

2009-12-05 03：04

被沈先生勒令休息节省体力了，大家晚安，愿一切顺利！

2009-12-06 09：02

快30小时也只开了一指，我拿什么拯救你我昼伏夜出的宫缩？！要疼也要疼得专业点！

2009-12-07 09：34

55小时不眠，换来漂亮小男宝一枚！

也许老天爷要教会我为人父母的不易，才要如此磨炼我吧。生小牵牛的时候，我从见红到上产床用了整整50小时（这个过程牵牛爸已经详细描述过了，我不多加赘述）若非最后碰上主任医生巡房让我上产床试试，我早就按下剖腹产的手印。

在产床上被告知，牵牛是枕后位，如果不好好努力，就得用产钳把他给钳出来了，加上小朋友已经在产道里，无法再进行剖腹产了，我只有努力把他生下来这一条路可以走了。

那时的我已被疼痛折磨得几近昏迷，由于小朋友位置特殊，我根本无法借助宫缩掌握用力的时间来缩短产程。出于本能，我的双眼一直紧闭，也懒得答理助产士的话，间或吃了两块巧克力，被挂上了葡萄糖水，以此来保存体力，只要稍微能在剧烈的疼痛中缓过神来，我就朝着医生所示的方位用力，在努力了半个多小时，觉得已经到自己体力极限时，却依旧看不见胜利的曙光，因为周围的助产士仍然没有任何动作，甚至胎心监护都没有给我上。绝望再度涌上我的心头，却没有任何退路可以走。

模糊间又听到主任医师的声音，她鼓励了我一会，我又似懂非懂憋足劲努力了几把，只听见助产士说道：“×主任您这一来，进展神速啊。”模糊间还听见医生说我宫颈条件很好，宫缩和胎心都很棒，这意味着小牵牛也在跟我一起努力，一起冲破最后的关口。

当助产士给我套上脚脖，开始给我打麻药，我知道终于到了最后关头，又来了几股神力，耳边不断回响助产士播发的好消息：“好，已经见到头了”“嗯，一只胳膊出来了”。

终于，一阵哭声鸣起。“男孩，嗯，还好不大，不然真够戗。”我才意识到我可算把哥们生出来了。之前披头散发，脸色铁青、嘴唇爆裂，宛若死人一般躺在产床的人，仿佛一瞬间还了阳，絮絮叨叨问着小牵牛的情况，一会问白不白，一会问手脚的指头齐不齐，以此来打发胎盘娩出的时间。这个阶段异常顺利，我没有被侧切也没有遭刮宫之刑，当哭哭啼啼的小牵牛被抱在我身上时，突然停止了哭泣，我感到一团肉肉的东西在自己身上蹭来蹭去，一股初为人母的自豪和喜悦直涌心头。

烽烟滚滚唱英雄，四面青山侧耳听，侧耳听
青天响雷敲金鼓，大海扬波作和声
人民战士驱虎豹，舍生忘死保和平
为什么战旗美如画，英雄的鲜血染红了她
为什么大地春常在，英雄的生命开鲜花
……

为母则强，在这个胜利的时刻，还有什么歌能比《英雄赞歌》更应景吗？也许，你就是下一个英雄母亲，别不相信。

我的研究“生”笔记——生产

我觉得临产前大概了解一下正常的分娩过程就可以了，这个时候没有必要再看什么产经来武装自己了。就跟临近大考前，再去寻觅大量复习资料，只会增加自己的心理负担，并不能起到任何减痛的功效。况且，一千个妈妈就会有一千个生孩子的故事，你无须借助别人的故事去模拟自己生产的场景，你一定会有属于自己最独特的一个。所以，临近战事随时爆发的最后阶段，还是该吃吃，该睡睡，轻轻松松迎战大Boss。

一、关于顺产产程

“十月怀胎，一朝分娩”，其实胎儿离开母体要经过三个阶段，医学上统称三个产程。这三个产程是指从子宫有节奏地收缩到胎儿胎盘娩出的全部过程，完成这三个产程所需要的时间一般为：初产妇 12～16小时，经产妇6.5～7.5小时。

第一产程：子宫颈口扩张的过程，也就是经常说的“开指”。护士查看开指的情况一般分内检和肛检，内检即阴道检查，和常规妇科检查方式差不多；肛检则是医师带上消毒手套伸进肛门进行指检，都是为了摸清宫口开了几个指宽和胎头位置。个人感觉肛门指检没有内检痛，只是很胀，可以忍受。

子宫颈外口平时仅可仅容一指尖，随着产程进展，将扩张至直径10厘米（约10个指头的宽度）来允许足月的胎头通过。

第一产程一般需要10～12小时，往往是三个产程中最难熬的阶段，尤其是开前3指。我从见红到开2指就用了整整一天一夜（开始好长一段时间不规律的宫缩都不算入真正产程时间内）。开始我还能发发短信，上上网分散注意力就能勉强能够忍受的不规律小疼，然后逐渐发展到每隔5～6分钟较为规律的、能让人哼哼唧唧的中疼，逐渐发展到每隔3～4分钟甚至间隔时间更短的巨疼，那种疼简直无法找到词语形容。很多产妇就是在这个时候败下阵来，苦苦哀求医生给做剖腹产的。

开完3指后，余下的几指相对来说就进展得快很多了。如果选择无痛分娩，麻醉师会在开2～3指时介入，帮你缓解疼痛；如果还没有自然破水，护士们会根据情况决定是否给你人工破水，来加快产程。

到了5指后，很多妈妈会有非常想拉大便的感觉，记住这个时候千万不要随便用力，要听从助产师的指挥，以免宫颈肿胀、给宝宝的顺利行进造成阻碍，如不适一定要及时报告助产师。而一般等你感觉到很浓的便意时，也就可以上产床开始正式生娃了。

你问我有没有在这个过程大喊大叫，答案是Sure。虽然我曾口口声声宣称即便痛得死过去，也不能喊得毫无体统惹医生烦躁病友恐慌颜面尽失，可在那杀猪一般的气氛当中，要是能忍住不喊那么几声，确实是修炼到一定境界的神人！不过每个准妈妈都一定要切记，大喊大叫对你和宝宝没有任何好处，因为这会消耗大量体力，到了下一个产程可能没有足够的力量来增加腹压，娩出胎儿了。此外，哭喊会让宫内胎儿缺氧，所以能忍住尽量忍住，因为喊了也没用，这个时候谁都帮不了你，保持平静反而有利于开指的顺利推进。

生孩子过程中的便意

张大夫说

生孩子过程中，孕妇在有宫缩的时候，会有一股难以控制的、不自觉就想向下屏气用力的感觉，这种感觉通常代表宫颈口已经开全，胎头充分下降，已经压迫直肠，到了用劲儿生孩子的时候了。

产生强烈便意的时候，最好提醒医生注意，这时候需立即检查和评估，如果确实是宫颈口开全了，医生会把孕妇从待产室转到产房，一场马拉松式轰轰烈烈的冲刺阶段就要开始了。

有了便意，切不可一直蹲在厕所里不出来，个别孕妇的第二产程很短，可能十次八次的宫缩就能把孩子生出来，尤其是经产妇。曾经有把宝宝生到马桶里的事情发生，这就麻烦和悲剧了。

另外，还有一部分孕妇可能会过早地产生便意。这时候，宫颈口还没有开大开全，孕妇就忍不住想向下用劲儿，这很可能是因为胎位不正，过早压迫了直肠，产生便意。这种情况也要及时通知医生，尽早评估和干预，以免发生难产。

第二产程：等子宫口开全到婴儿出生，一般需要1～2小时。

这一时期，孕妇双脚蹬在产床上，两手紧握产床边上的扶手，按照助产师的指导，该用力时用力，不该用力时要抓紧时间休息，或者吃点东西，攒够体力。每次宫缩来临时，要像解大便一样，深吸一口气，然后屏住向下用力，并向肛门屏气，持续的时间越长越好。如果宫缩还没消失，就缓口气继续同样用力使劲。这时子宫收缩会越来越紧，每次间隔只有1～2分钟，胎儿下降很快，迅速从宫颈口进入产道，然后又顺着产道达到阴道口露头，直到全身被娩出。

到了这个阶段，离胜利只有一步之遥，这个过程很需要各位准妈妈有的放矢地用力，什么拉马兹呼吸减痛法，增加肺活量的呼吸吐气法，瑜伽的柔韧度能想得起来的都用上。这个过程一般用时都不会太长，初产妇一般需要1～2小时，经产妇只需要半小时甚至几分钟。我从上产床到胎盘全部娩出，总共也不到1小时。

第三产程：胎儿出生后，子宫会继续收缩，使胎盘剥离娩出，一般只需要5～15分钟。若有侧切，很多医生会在这个产程最后给你进行缝合。

很多准妈妈在胎儿娩出时都会感到痛意顿无，如释重负。我在牵牛娩出时还没有很强烈放松的感觉，反而是在胎盘完整娩出时，才感觉一股暖流喷涌而出，心里一块大石真正放下，真正完成了这个耗时近一年的艰巨任务。

如果超过30分钟胎盘没有下来，则应听从医生的安排，由医生帮助娩出胎盘。虽然过程也比较痛苦，但比起生孩子，还是湿湿碎啦（广东话：小意思）！

二、关于顺产和剖腹产

作为一个顺产妈妈，我并不想借助过多的科学资料来鼓动所有准妈妈都投入顺产主义者的大军中来，我只是想讲几点个人的体会，供姐妹们参考。

对胎儿的影响

顺产对胎儿的益处是得到普遍共识的：

1.自然分娩中的子宫收缩能让胎儿肺部得到锻炼，肺泡易于扩张，出生后发生呼吸系统疾病少。

2.子宫的收缩及产道的挤压作用，便于使胎儿呼吸道内的羊水和黏液排挤出来，新生儿窒息及新生儿肺炎发生率大为减少。

3.宝宝经过产道时，胎儿头部受到挤压、头部充血、可提高脑部呼吸中枢的兴奋性，有利于新生儿出生后迅速建立正常呼吸。

4.免疫球蛋白G（IgG）在自然分娩过程中可由母体传给胎儿，自然分娩的新生儿具有更强的抵抗力。

5.胎儿在产道内受到触、味、痛觉及本位感的锻炼，促进大脑及前庭功能发育，对今后运动及性格均有好处。

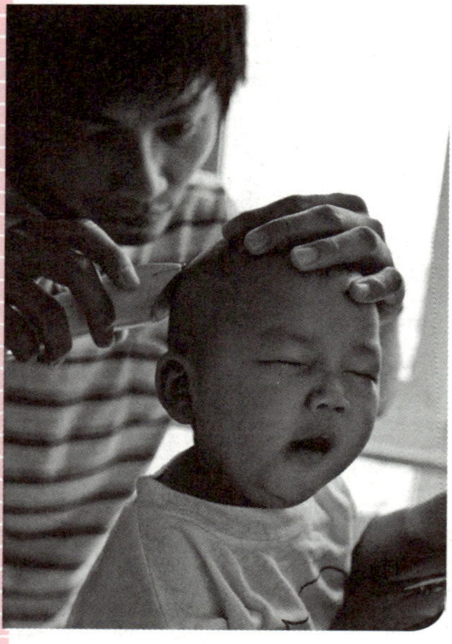

摄于2010.7/ 牵牛7个半月/剃光头ing。

至于“剖腹产的小孩比顺产的聪明”的说法，是没有什么科学根据的。许多人认为剖腹产的小孩头部不受挤压，不存在脑部缺血或损伤的风险，比较饱满也更为美观。其实，因自然分娩受到挤压变形的胎儿头部很快就会恢复正常，并且胎头受压的同时，也是对胎儿脑部血液循环加强刺激，更容易激发呼吸。

我们家牵牛的头部一直很圆，出生后也没怎么变形。宝宝的头型其实跟生产方式没有太大关系，一方面是基因遗传，另一方面则跟大人给宝宝养成的睡眠习惯有关。

顺产到底有多痛

关于顺产时的痛，听过最精妙的描述莫过于“鼻孔塞橙子”。于我这个经常痛经痛到要吃止疼片的人来说，开宫口时简直要把闭经时侥幸逃过的痛经全部集结起来让我一起痛。但你说这种痛，能不能忍受？有的人觉得还好，有的人回想起来双脚都会打战。

诚实地讲，我要是能提前预知最后会疼成撕心裂肺那个狼狈样子，就算给我一个全球顶级奢华品牌真皮包都不干了。不，应该是纵使给我全宇宙最稀有的钻石也不打算重来一回。早知道我早就爽爽气气地找大夫直接剖了算了。

但就是像我这样一位划破了手指还没见血就痛得龇牙咧嘴，痛感点奇低的主儿，竟然能在没有上无痛分娩镇痛泵、没有打任何一针止痛剂稍作休整的情况下，硬着头皮坚挺了50多个小时，最终把孩子毫发无损地生下来，真可谓是个人痛史上一个具有颠覆性的历史事件。

所以说，各位准妈妈千万不要低估自己的耐受力，人在关键时刻，可能表现得比想象中更为勇敢和不屈。而且，顺产的痛是我见过最具遗忘性的“痛”，生完几小时后很快就被孩子出世后的喜悦所冲淡，甚至不少妈妈体会过“塞一个鼻孔”的滋味后，就不再畏惧把“另外一个塞满了”，很快萌发了再生一个的冲动，全然忘记当初在产床上是怎样握拳发誓下辈子再也不当女人的咬牙切齿。

我觉得有机会的话，女人们都应该亲自去体验一把上帝赋予我们的自然职能，或许你会比你自己想象得要勇敢得多，坚强得多，为自己和宝宝都写下最自豪感人的一笔。

什么是会阴侧切

在分娩过程中，由于阴道口相对较紧，影响胎儿顺利娩出，医生们经常给产妇进行会阴侧切手术，来扩大婴儿出生的通道。随着人们营养水平的提高，胎儿个头越来越大，会阴切开手术率越来越高——这也是很多不太坚定顺产的待产妈妈最诟病的地方，毕竟在那个重要敏感的口口上剪几刀，再缝上几针不就跟剖腹产差不多吗？

但各位准妈妈一定要清楚，会阴切开术是产科当中很常见的小手术，并不是所有的准妈妈都会遭遇。而且手术中一般都会使用少量麻醉药，准妈妈们不会感到痛感。倘若不及时实施这种会阴手术，帮助胎儿及时娩出，很容易造成阴道撕裂，给产妇造成更大创伤，还会累及胎儿通过产道时间过长，导致缺氧。等到胎儿娩出后，医生会将侧切部分缝好，现在一般都用一种可吸收的手术线，不需要拆线，几天后就可以恢复原样，对美观和夫妻生活都没有影响。

要是一味抵制侧切，没有及时进行手术的话，有时会阴会撕裂得更为严重，伤口破裂处难以缝合，也更易形成伤痕。这种疤痕比会阴侧切术的疤痕更大，也更难以愈合。

准妈妈们可以放心的是，现在医疗理念较为进步，一般不会轻易给产妇进行会阴侧切术。我就是一个没有进行侧切术的幸运儿，多亏了小人家在最后时段大发善心，提前一周以标准6斤的轻盈姿态杀出重围，没给我制造因胎头尺寸过大的顺产困扰。我本早已做好被剪刀咔嚓一声、然后有那么几天因侧切伤口坐立不安的思想准备，没想到最后只是轻度撕裂了一下，缝了几小针就顺利收官了，实属万幸。

所以，各位准妈妈如果想尽量避免会阴侧切，最直接的办法就是控制饮食，不要让胎儿在你肚子里长得太大，它的尺寸可是关乎你需不需要进行这项手术的关键。

长痛不如短痛

虽然产床上每个顺产妈妈都有痛得死去活来的时刻，但比起剖腹产绵延冗长的痛还是利索很多。怎么说呢？我觉得，剖腹产等于是把顺产时的那种痛拉开好几天来痛。说剖腹产不疼那绝对是骗人的，我在病房就亲眼目睹过不少剖腹产妈妈被医生压肚子压得飙泪，被刀口火辣辣的疼痛折磨得无法入睡，连排气这么简单的生理任务，都是要了命的费时费力，更不要说每次起身喂奶时是如何艰难地和弯腰时对伤口的刺痛作斗争，而且这样的状态通常要维持好几天，不像顺产那样顶多给你痛个20多个小时，痛完就完事了。

产后体力的比较

一位“过来妈妈”曾给顺产和剖腹产的产后状态作评估：前者最少剩7成，后者最多剩3成。

虽经历了50多小时的不休不眠，生完牵牛的一小时左右，我就自己溜达着去厕所了，以至于护士来巡房时询问我有无排气排尿时，沈先生指了指当时欢快地发短信和打电话报喜的我说：“她刚刚自己走去厕所的，还不要我扶。”周围平躺在病床上好几天的剖腹产妈妈纷纷表示羡慕。

“顺的，就是恢复得快啊。”护士们走出病房后如是说。

另外，自然分娩时的阵痛可以使子宫下段变薄，上段变厚，宫口扩张，产后子宫收缩力更强，更有利于恶露的排出，也有利于子宫复原。

顺产对○○××的影响

顺产到底会不会影响○○××的质量，这其实是一个蛮重要的问题。很多顺产妈妈反映：生完宝宝后，侧切口疼痛，阴道松弛，○○××时感觉不如从前，甚至有人因过度松弛挤入空气，那里会像拉风箱一样发出响声，非常影响性快感和夫妻感情。我在孕产期间也为此担忧了好一阵，但事实证明，我的担忧完全是杞人忧天。可能是一方面我年纪不算大，另一方面平日也很注意“爱肌”的锻炼，即缩肛运动。这个运动准妈妈在怀孕期间也可以常练习，可以加强外阴的韧性，帮助顺产。

从生理角度来说，经过产后休养和一定的锻炼，大多数妇女的阴道都能够恢复正常。

“爱肌”锻炼的具体步骤：用力收缩并上提阴道和肛门肌肉，停顿片刻，然后放松，每天反复做20～30次会有很好的成效。而且这个动作可以随时随地练习，上班时、坐车时、看电视时、散步都可以做，不用担心这个运动难以坚持。

对乳汁分泌的影响

如果从这点出发来选择是剖腹产还是顺产，我觉得顺产的理由不是特别充分。按道理，自然分娩产妇的垂体会分泌一种叫催产素的激素引起的，这种激素不但能促进产程的进展，还能促进母亲产后乳汁的分泌。我虽然是顺产，但初乳来得不算早，产后第三天才有点，有的剖腹产妈妈产后头天晚上就胀奶了。不过自然分娩好就好在一旦初乳来了，就可以马上进行哺乳，不用担心身体上的不适或麻药对乳汁的影响。

对产妇体形的影响

在前文中已经提过，我生完孩子立马就缩水20斤，哺乳期撒着欢儿地吃，反而比刚生完孩子时还要重个两三斤。不过我跟很多妈妈不一样，胸部从怀孕到产后都没有激增，所以断奶后也没有缩水，至于下垂变形，好像也没有，就是肚子上的赘肉感觉比以前多了，产后一直绑着300多元的收腹带也没有多大改善。可能跟我本身有点小肚子的基础有关，再加上产后常以照顾孩子为借口，宅在家里疏于锻炼。对于这样一个懒人，能拥有现在的体形应该感到庆幸。

自我感觉周围的人无论是顺产还是剖腹产对体形的影响好像都不大，大家仍然是从前瘦的更瘦，以前胖的更胖。所谓顺产更利于产妇体形恢复，应该是指通过自然分娩的新妈妈身体各项技能恢复较快，子宫复原也较好，可以很快展开锻炼，在产后半年内的体形恢复黄金时间达到事半功倍的塑身效果。

另外，母乳喂养和带孩子也是一个关键。因为母乳喂养可以把你身体里多余的脂肪和能量转化为养分输送给宝宝，带孩子则或多或少对全身肢体进行锻炼，很多产后一个人带孩子的妈妈甚至比孕前更瘦。

所以，顺产和剖腹产只是影响产后体形恢复其中的一个因素，并不是绝对。想要达到什么样的体形效果，完全取决于新妈妈对自己的定位，少吃和多运动一直是减肥的王道，但现在没有很多人会对一个普通产妇提出太大的体形要求，有了宝宝，你难道还不是最美的吗?

住院时间之差

嗯，我产后满了24小时后，就被轰出医院了。理由：病床太紧，回家养着吧。

不过，我还是建议姐妹们无论顺产和剖腹产能在医院多观察会还是多观察会，起码把母乳喂养学会了再说。别像我一样，抢不到母婴同室的病床，生完着急见自己的宝宝，结果在家喂奶喂得一团糟。

生产费用

我从见红入院到带着牵牛出院，刨掉自费的单间两天住房费和医院准备的待产包，还有可以报销的部分，真正花费绝对超不过500元。比起剖腹产动辄几千元的手术费和护理费，顺产还是能为家庭节省不少开支的。

对坐月子的影响

按照中国民间说法，女人在自然分娩当中，因全身用力，浑身上下的骨头接缝处都开了，所以坐月子期间一定要忌凉水、凉风和用眼，否则很容易贼风入侵，寒气入体，落下病根。而剖腹产的妇女则没有这方面的传统担忧，坐月子时可以不那么讲究。这虽然没什么科学道理，但确实是很多老人家的看法。提前预告给准妈妈，是让月子期间和传统老人住在一起的顺产妈妈有个思想准备，可能你们所要遵循的繁文缛节要比进行了外科手术更需要休养的剖腹产妈妈要多得多。

对痛经的影响

从前痛经痛得在床上打滚时，总听人说："生了娃就好了。"我以为那都是糊弄人的说词，没有什么科学道理，依旧沿用红糖加止痛片的土办法。然而，产后9个月恢复例假以来，我再也不知痛经为何物，敢情女人下半辈子的痛经都在生孩子的时候透支完了。所以，电视养生节目上网上什么吃炒猪肝红枣治痛经的方法都是浮云啊，只有生娃是王道!

牵牛妈最后提示

虽然很多准妈妈都知道自然分娩有这样和那样的好处，但也几乎所有的准妈妈都纠结过到底要顺产还是剖腹产，毕竟在十级阵痛面前，谁都不是胆儿肥的英雄。我的个人建议是：

1.临产前和医生详细沟通，了解自己具不具备自然分娩的条件或者有何难度。如果医生觉得你顺产的条件不错，你也有心接受考验，那么就要排除万难，坚持到底。除非生产过程有什么不得不剖腹产的意外，否则不要自己中途主动放弃。在生产过程中与医疗人员做密切的沟通与配合，是达到母子均安的原则。

2.提前和家里人商定生产方式。那么即使自己中途熬不住想要临时变节，可以借助他们的意志力让自己坚持下去。他们是你最信任最亲爱的人，这个时候也最具有说服力，但也不能感情用事，一定要理性处事。

3.在最消磨人意志的开前几指的过程中，一定要咬紧牙关。你要牢记，挺住就意味着一切！只要开全3指，就离摆脱阵痛，完成分娩不太遥远了。

4.如果觉得自己顺产条件一般，又十分惧怕疼痛，最好趁早和医生商定剖腹产日期。我在病房实在看到太多太多一脸坚毅表示非顺产不可的大肚子"战友"，她们被推入产房后，要么因为羊水过少，要么因为胎儿过大，要么因为忍不住疼痛，十分可惜地临时改道剖腹产。两遭罪受了不说，还不一定能遇上很好的剖腹产医师，刀口也可能缝得不是太漂亮。

所以，各位准妈妈在选择生产方式的问题上，真没必要勉强自己，无论最终选择哪种生产方式，都不要有什么思想包袱。造成目前国内剖腹产率过高的因素有很多，包括产妇年龄普遍偏大、胎儿体积过大，加上国内医疗资源有限，无痛分娩推广率很低，许多医院没有足够的人手应对动辄好几个助产师十几小时的分娩监护，对顺产宣传和执行力度不够，等等。千万不要认定剖腹产就是懦弱、怕疼、不爱小盆友的代名词，顺产就一定疼得生不如死。剖腹产有大把比顺产的孩子机灵健硕的范例，顺产中也有大把从阵痛到生不到3小时的超顺产实例。这跟年轻不年轻也无关，只跟信心有关！

上天能让我们拥有一个自己的Baby，已经是天大的恩赐，无论他以何种方式来到你身边，都是你最最亲爱的孩子！

你只要知道这一点，也就足够了。

三、关于无痛分娩和牵牛妈自创镇痛法

我们通常所说的“无痛分娩”，在医学上其实叫做“分娩镇痛”。确切地说，无痛分娩的无痛也不是绝对的“无痛”，只是让疼痛减轻，让产妇容易忍受疼痛，以此节约体力应对接下来的产程。目前通常使用的分娩镇痛方法有两种：一种方法是药物性的，应用麻醉药或镇痛药来达到镇痛效果，这种就是我们现在所说的无痛分娩。另一种方法是非药物性的，是通过产前训练、指导子宫收缩时的呼吸等来减轻产痛。优缺点列举如下：

	无痛分娩种类	优点	缺点
非药物性镇痛	精神预防镇痛，即导乐分娩：是指让丈夫和有助产经验的导乐师全程给予产妇生理、心理和感情上的鼓励和支持，使产妇能在轻松、舒适和安全的环境下顺利分娩。	较易实施，有助于产妇树立信心。	实际效果不大
药物性镇痛	呼吸法镇痛（如拉马兹法）	不用药物和其他设备的介入，便于操作。	实际效果不大（没有哪个人在剧烈阵痛时还能想起复杂的呼吸法则）
	笑气吸入法	镇痛迅速、效果可靠、术后恢复快、吸入镇痛产妇易于接受。	不好控制产妇的吸入量
	安定、杜冷丁镇痛	镇静、安眠、减轻惧怕、缓解焦急心理。	对新生儿的呼吸有一定影响
	椎管内阻滞镇痛（包括硬膜外阻滞和腰麻—硬膜外联合阻滞等）	起效快、持续时间可控制、对产妇生理影响小，对胎儿无不良影响，产妇易于接受，目前运用最多，效果较为理想。	可能会延长产程，对麻醉技术要求比较高，操作复杂。

牵牛妈自创镇痛法

我直到进入待产室才知道医院没有无痛分娩这项服务，连导乐助产师都没有。当初选择这家医院建档围产，主要是因为离家近，检查啊急救啊都很方便。没想到堂堂一家首都三级甲等医院，竟然没有被全世界妇产科广泛运用的麻醉项目，只能说无痛分娩在国内推广得太不普及了。

因此各位想顺产的准妈妈在待产前一定要做好调研，一般专门的妇幼医院在这方面的医学配备都比较齐全，反而比综合性医院更能为产妇提供这类专门的服务。如果生产的医院有提供这项服务，还是建议大家提前申请，不必担心麻醉药剂对胎儿的影响，疼痛的化解能使顺产变得容易很多。

不过准妈妈们也要做好一定的心理准备，即便你所在的医院提供这项服务，也不能保证你在生产的过程中正好有空当的麻醉师。很多公立医院的麻醉师都是相当紧俏的，每天数以万计的手术都离不开他们。而且硬膜外阻滞镇痛有很严格的注射条件，如至少得开到2指半或3指，实施时间不宜过长等，操作过程非常严格烦琐，需要妇产科医生、麻醉科医生共同监督，这也是很多大医院不愿意提供这项服务的原因。

在我生娃的医院里，倒是能提供安定、杜冷丁等镇痛服务，在待产室看到有的产妇在杜冷丁的眷顾下，安逸地呼呼大睡，让当时40多小时未曾合眼的我羡慕得直流眼泪，多次请求大夫、护士使用杜冷丁未果。至今，我仍不知他们不给我杜冷丁的确切理由为何，只能说采取安定、杜冷丁等药物镇痛，也是有一套相当严格的实施条件。

在熄灭了关于无痛分娩的所有期望和幻想之后，我采取了一种自我YY法来抵制无以边际的疼痛，这有点像瑜伽的冥想法：譬如，把自已想象成一棵树，一盆花，一朵云之类的，然后让灵魂超离那具疼痛的躯体，飘离空中……简单地说，就是不要把自己当成一个人，尽量模拟假死的状态，拒绝接受任何知觉，包括疼痛。

这种半迷糊的状态一直伴随我走到生完孩子的那一刻，在此期间我几乎不跟任何人说话，也不理会外界任何事物和声音，以至于助产师一度以为我痛得昏迷过去了。YY法虽听起来很荒谬，但切实有效地帮我保留了被疼痛折磨得最厉害时的体力，各位准姐妹可以收藏起来试用一下，也没有什么难度。记住，在冥想中，最好不要跟任何人说话，也不要关注外界发生了什么事，以达到忘记自我，忘记肉体，忘记疼痛的超然境界。

四、关于产前乳腺检查

我必须在待产这一章里强调产前乳腺检查的重要性。当然，也许我只是一个特例，只因在这方面我实在是吃了大亏，跌了大跟头，其血泪的过程后面的章节会详细介绍，所以恳请各位准妈妈能够提前引起对这方面的重视。

一般综合性医院在常规产检中并没有设置产前乳腺检查这一项，只是在开设的相关孕妇课堂上简要介绍了一些母乳喂养要点，并没有详细指导孕产妇将如何进行哺乳，产前该作哪些预防。

我也只是无意间在论坛上看到过一些姐妹们为了防止母乳喂养时乳头皲裂的经验贴，在怀孕中、后期，依葫芦画瓢地学她们常用温水擦洗乳头，并在乳头和周边涂抹一些羊毛脂，来预防哺乳期乳腺炎。

但同时我也担忧，怀孕期间对乳头进行过多的按摩，容易刺激子宫，引起兴奋，有早流产的风险，所以在没有得到医生的明确指示前，我也不敢自己贸然尝试。

总之，我从头到尾对自己母乳喂养的乳房条件都没有个科学、清晰的认识，认为乳腺炎离自己还很遥远。

有的妇幼专科医院在孕妇怀孕37周进行孕检的时候，会增加针对孕产妇的乳腺检查项目。如果发现乳头内陷或短小者，会建议及早纠正，给予科学的指导，降低产后母乳喂养的难度和预防因哺乳方式不当引起的乳腺炎。各位准妈妈如果在孕产期感到乳房不适，对照乳头形状图，觉得不适宜哺乳，可以寻找相关乳腺科进行检查，获取最及时的医治和指导。

乳头纠正的方法主要有以下三种：

1.每日用干净的手指揪出乳头，进行数次。当乳头难以揪出时，可从外侧按压乳晕周围的部分。

2.购买乳头牵引器，一天吸引数次，可以把乳头吸出来。

3.购买胸盾，这种器具也是用来吸引乳头的，将其安放在乳房上，用专用的胸罩固定。使用本法一定要注意胸罩和胸盾的尺寸。

注：以上几种方法都最好在医生的指导下进行，当出现频繁的子宫收缩时，或准妈妈本身是习惯性流产患者，一定要和医生提前说明，小心，小心再小心。

乳头的保养：

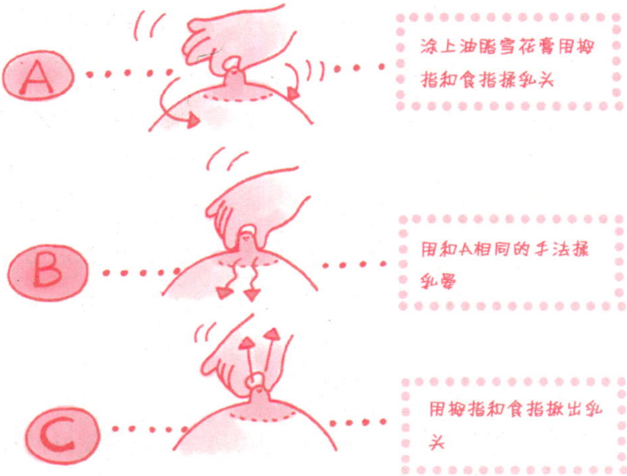
A
涂上油脂雪花膏用拇指和食指揉乳头
B
用和A相同的手法揉乳晕
C
用拇指和食指揪出乳头

乳头的形状：

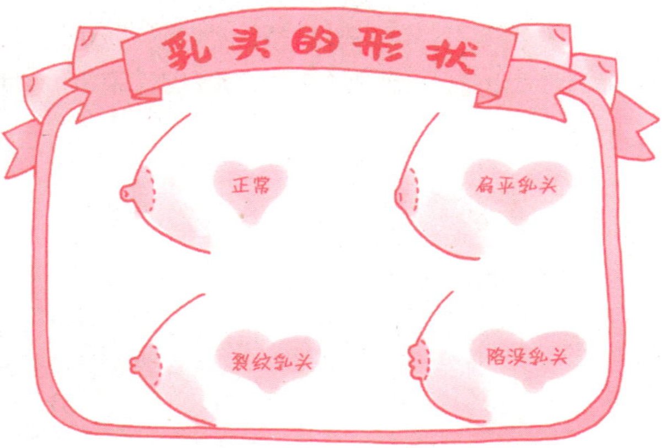
乳头的形状
正常
扁平乳头
裂纹乳头
陷泼乳头

五、关于要不要老公陪产

这个就取决于各位准爸爸们对孩儿他娘受苦场面的耐受力，和应对“重口味”场面的心理素质了，跟顺产不顺产关系不大。有的准爸爸确实在目睹了老婆产子后的“恐怖”画面后，阴影了好长一段时间，甚至有晕血的爸爸直接晕倒在手术台。所以，现在好多医院都不允许老公陪产，省得到时候不知道该顾着接产还是抢救那个因过度惊吓昏倒的大男人。

其次，对于准妈妈来说，也不是谁都情愿自己最狼狈不堪的一面被伴侣见证。我就死活没让沈先生跟我进待产室，开指时已经丑得够可以的了，用力把娃憋出来那副蓬头垢面、张牙咧齿的狰狞面孔要是被他拍下来当做纪念，让人从今往后如何自处啊。

其三，有时人在可依附的亲人身边，特别容易意志力溃散。老公厚实的肩膀可以是你在被疼痛折磨得万般委屈时的依靠，也可以是瓦解你与阵痛继续鏖战决心的糖衣炮弹。记得我在开指时一见到守在我身旁的沈先生面露怜惜之色，就更添悲愤之情，想要缴枪卸甲，和他一起回家，但箭在弦上又不得不发，此情此景，只能大哭大喊以泄心中无奈，生娃之念顷刻动摇。反而是他因疲劳过度，在我身边休憩的时候，我才能比较清醒地控制好自己的情绪，不让过度哭喊消耗自己太多的体力。

所以，各位准爸准妈还是要根据各自情况进行很好的沟通和协商，可以选择全程陪产，也可以选择部分产程陪产，更不要把这个问题上升到衡量夫妻间爱不爱，重不重视的高度。我相信，每个伟大的妈妈背后一定有一个同样在付出心血的好爸爸。陪产在未来两个人乃至有了孩子的家庭生活中，只是一个很小的环节，爸爸们还有很多机会可以以实际行动表现自己作为一个丈夫和父亲的担待，准妈妈们没有必要独独在这方面逞能或者强人所难。

六、关于待产购物清单

个人认为，在小孩出生前，很多物品都无须特意准备。现在生活很方便，有什么需要，打个电话就会有店家把东西送到家里。加上怀胎十月间和产后，你会收到不少来自亲朋好友送的婴儿产品，这里面有全新的，也有用过的。各位准妈妈如果不是很挑剔的话，请不要介意其他小孩用过的衣服、床品和玩具，它们一般比全新的用品要更加实用和安全。

此外，有的医院还会为各位准妈妈提供包含婴儿和产妇必须用品的待产包，里面有宝宝装、抱被和哺乳衣，产妇尿裤等。为了避免浪费，准妈妈们最好等了解了围产医院待产包的内容，再进行准备。至于备用奶粉，我觉得要根据具体情况来筹备，一般大品牌的奶粉经销商会在产前免费赠送试食装，选择一种最适合宝宝体质的奶粉即可。

最后，提醒各位新妈妈们，以后自己宝宝用过的衣物和东西也不要因占有家居空间随意丢掉，你周围将会有大批准爸准妈需要这些物件，送给他们或是亲朋好友、上网折卖给有需要的妈妈们，都是十分“绿色”和“经济”的选择。

我的待产购物清单

		名称	建议数量	需求指数	价格	采购地点	备注
妈妈用品	陪产人员	老公	1	♥♥♥	无价		幽默体贴
		家长	0	♥	无价		遵循自愿原则决不主动要求
		月嫂	1	♥♥♥	4500/月	朋友介绍	好相处
	证件类	身份证	夫妻双方	♥♥♥		家里自备	
		产检病历及围产卡	2	♥♥♥		家里自备	
		准生证	1	♥♥♥		家里自备	
		医保卡	1	♥♥♥		家里自备	
		现金和银行卡	都准备	♥♥♥	医院要求自备5000元现金	家里自备	
	杂物类	数码相机或摄像机	1	♥♥		家里自备	
		手机及充电器	1	♥♥♥		家里自备	
	卫生用品	产妇尿裤及卫生巾	5	♥♥♥		医院提供	
		卫生纸	若干卷	♥		医院提供	
		面巾纸	大包	♥♥	9元	超市	用来擦眼泪
		一次性马桶垫	10	♥♥	20元	超市	
	食物及餐具	巧克力及其他零食	若干	♥♥♥		家里自带	独立包装
		红糖	1大包	♥♥♥	20元	超市	
		红牛饮料	若干	♥♥♥	30元	超市	
		带手柄的水杯	1	♥♥♥		家里自带	
		弯头吸管	若干	♥♥♥	5元	超市	
		餐具或保温瓶	1	♥♥♥		家里自带	

继表

妈妈用品	哺育用品及衣物	哺乳内衣及防溢乳垫	2	♥♥		医院提供	
		母乳储存带	4	♥♥♥	Lansinoh母乳储存袋 5片	吸奶器赠品	奶多的妈妈需大批购置
		吸奶器	1	♥♥♥	1200元medela电动	孕婴店	强烈建议准妈妈选择电动、品牌较好的吸奶器，因为月子里无论奶多还是奶少，母乳喂养方面有这样一个小帮手会比找什么揉奶师和月嫂要更经济实用一些，休完产假上班后想要继续备奶，吸奶器也是必不可少的。不建议选择手动的，因为频繁手动吸奶在月子里容易导致腱鞘炎。
		1次性内裤	若干	♥♥♥		医院提供	
		束腹带	1	♥	300余元三洋顺产束腹带	网购	顺产次日可使用
		防滑拖鞋	1	♥♥♥	20元	超市	
	洗漱类	脸盆	2	♥♥	10元	超市	
		毛巾	4	♥♥		家里自带	
		漱口杯、牙刷、牙膏	1	♥♥		家里自带	
		护肤品、梳子和镜子	若干	♥		家里自带	

继表

宝宝用品	哺育用品	奶瓶	2	♥♥♥	Born free玻璃奶瓶120ml 120元/贝亲宽口径塑料奶瓶240ml 80元		打算母乳喂养
		奶嘴及安抚奶嘴	2	♥♥♥	贝亲（0–3月）安抚奶嘴一个/意大利某品牌（4个月以上）的安抚奶嘴一个	亲友送	
		奶瓶刷	1	♥♥	贝亲海绵一个20元 日康尼龙刷一个9元	网购	
		奶瓶夹	1	♥	日康奶嘴夹一个9元	网购	
		蒸汽消毒锅	1	♥	小白熊蒸汽烘干200多元	网购	
		暖奶器	1	♥	小白熊暖奶器60元	网购	
		喂食碗	1	♥	贝亲喂哺餐具	网购	
		软头勺	2	♥♥	（两个碗+两个软头汤匙）90元	网购	
		围嘴	4	♥	两条布，两条软塑，共计30余元	网购	
		奶粉	2	♥♥♥	雅培美版1段 slimilac advance 4盒　200余元/盒	托朋友从国外带回	打算母乳喂养

继表

宝宝用品	洗浴用品	浴盆	1	♥♥♥	50余元	网购	
		沐浴露	1	♥♥♥		医院提供	
		洗发液	1	♥♥♥		医院提供	
		爽身粉	1	♥♥		医院提供	
		润肤油	1	♥		医院提供	
		湿纸巾	2	♥♥♥	8包，每包80张 10余元	超市	
		水温计	1	♥♥		网购赠品	
		小脸盆	4	♥♥♥	共80余元	超市	
		安全指甲钳	1	♥	20余元	孕婴店	
		吸鼻器	1	♥	10余元	网购	
		喂药器	1	♥	喜多针管式喂药器 10余元	网购	
		浴巾	2	♥♥♥		家里自带	
		纱布手帕	4	♥♥♥	西松屋8件套 35元	网购	
		隔尿床垫	2	♥♥	黄色小鸭 大号 2张 50元	网购	
		纸尿裤	3	♥♥♥	花王NB 137元/包	网购	
		洗衣液	1	♥♥♥		朋友送	
		护臀膏	1	♥♥♥	自制紫草油 材料 不足20元	家里自制	
		棉花棒	1	♥	药用棉签	医院开	
	婴儿衣物	和尚衣或 爬衣	6	♥♥♥		医院提供	
		抱被	2	♥♥♥		医院提供	
		护脐肚兜	2	♥♥		亲友送	
		婴儿帽	2	♥♥♥		亲友送	
		袜子、手套 和脚套	4	♥♥		亲友送	
		抱毯	1	♥		医院提供	

继表

宝宝用品	寝具及其他物品	婴儿床	1	♥	好孩子多功能无漆木床 330元	网购	老公自行组装
		枕头	1	♥		亲友送	
		睡袋	1	♥		亲友送	
		温度计	1	♥♥♥	OMRON 电子温度计	家里自备	产妇和宝宝都将随时需要监控体温
		婴儿背带	2	♥		亲友送	可能出于安全考虑，现在的背带使用起来都很烦琐，还不如江南一带常见的背篓和大背巾。
		婴儿车	1	♥♥♥	可睡可躺多功能婴儿车700余元	大型商场	在选择宝宝第一辆“坐驾”之前，我曾做过很多的调研，高端品牌的多功能婴儿车上至万元，消费不起，也复杂得跟坦克一样，使用时间也很短。等能带着宝宝出门，这种“重型车”出行起来就麻烦多了，所以我建议各位准爸妈尽量购买轻便、中端的品牌。已经买好重型车得，就等宝宝大点了，换购更为简便的伞车代驾。
		婴儿理发器	1	♥♥♥	易简防水理发器102元	网购	牵牛从一出生到现在1岁多，都是在家里理的发，曾见过在楼下理发店理发的宝宝，理发时如同杀猪，哭得惊天动地，还不能保证理发器的干净卫生，上门提供理发服务同样存在卫生和宝宝接受度问题，而且花费也高昂。所以强烈建议各位准爸准妈购买电动理发器，让宝宝爱上理发。
备注	1.医院提供的待产包共计 200元。 2.护工费50元/天，一般剖腹产交3天、顺产2天，多退少补。						

PART 5

产后

月子里得乳腺炎的那些血泪史

如果不是被乳腺炎折磨了了二十多天之久，我几乎快要忘记自己犹如英雄母亲般的生产历程，比起生产时的痛，喂奶的艰辛却是100倍、10000倍。这也是为什么我在待产笔记中和各位姐妹强调产前乳腺检查的重要性。

由于母婴同室的病床紧张，产完的头晚，我被安排进了妇科病房，没有和牵牛同睡，因此也错过了最佳的开奶时间，加上孕期欠缺母乳喂养方面的知识，以为小朋友吃母乳就是本能，根本无须训练，从而在此后二十多天都因喂奶蒙受了非人的折磨。

我是产后第三天有了初乳，由于乳房上翘，乳头短小，小牵牛怎么都吃不上我的奶。月嫂、我妈、婆婆、还有我忙活了大半天，也只能让牵牛吃上一边。但奶终归是下来了，大家都对革命形势表示乐观，我妈和婆婆甚至开始给我炖鲫鱼汤催奶了。

第四天清早，以为我一切顺当的周老师收拾行李回家上班了。当天下午，月嫂发现我的右乳出现了一个肿块，这是悲剧的开始。月嫂有点害怕，开始给我热敷按摩，并且继续训练小牵牛吃奶。

生产时的喜悦和成就很快就被喂奶的艰难给冲散，由于天生乳头条件不好，竟没想过喂奶有这么难。我开始整夜整夜睡不着觉，只要牵牛醒着，我们母子俩就开始"搏斗"，每次都喂得我一身热汗，累得筋疲力尽，却只有中彩票一样的概率，牵牛才能乖乖吸上几口。

很快，我对喂奶开始产生了极大的厌烦情绪，甚至把罪责都推给了小牵牛一张小嘴上，但我同时也知道只有小牵牛顺利吸上奶，我的肿块才有消失的可能。一次次的努力总是收效甚微，我乳房肿痛的问题越来越严重，月嫂见状不妙，赶紧让我们请揉奶师，于是传说中的王大夫登场了。

此王姓大夫，女，自称50岁，号称出身中医世家，要价很高，上门一次500元。她一进屋就给我来了一顿中医点穴，然后又是脾虚又是肝火旺的一番点评，把我们一家人忽悠得晕头转向，揉了一小时左右，揉得是我呼天抢地，叫苦连天，皮肉之痛绝不亚于生娃。但直到把这位看起来颇高深的中医大夫送出门，才发现右乳房的肿块并没有消失。

由于王大夫先前的一番“指点”，饮食上我们不知所措，吸奶器也不能使用，按她的说法，我根本不进一点油盐，只能吃水煮菜，也不能随便用吸奶器会搅乱乳腺组织，而且宝宝吃了奶瓶后就不会吃我的奶了。婆婆已经不知道可以给我做什么吃的好，月嫂更是不敢轻易给我按摩胸部。接下来的十几天，我和牵牛只能听从这位王姓大夫的话继续搏斗，我的情绪也在搏斗的挫败中越发低落，几乎日日落泪，加上产后荷尔蒙激素迅速下降，恐怕是得了产后抑郁症，家里的气氛因此变得沉重不堪。

右侧乳房肿块的疼痛时强时弱，因为一直比较侧重于吸吮这边，却不知为何给牵牛吸得越吸越疼，每次喂奶都像受刑。月嫂以为我奶水不够，又张罗着要给我下奶。急于求成的我在产后23天，又喝了3剂下奶药，十分无知地认为这样有助于宝宝顺利吸上奶并且摆脱疼痛，却不想酿成大灾。

次日清晨，我突发高烧，右乳肿胀得不能碰触，红肿难当，全身也因疼痛发抖发颤。乳腺炎的疼真叫人终身难忘，比宫缩的疼要强上十倍都不止，我一度觉得我快要疼死过去了，恨不得撞墙或者把胸部彻底割除。沈先生也顾不上什么月子里不能出门的禁忌，急急忙忙带我去医院。

由于事前没有做好调研，在某两所知名综合医院折腾了半天，医生开了几盒头孢就把我们打发回家了。无助的我们，又开始求助于那位王姓大夫，结果一来就把我们训责一通，说我吃得太油腻太补，还开了好多奇怪的中药，有插鼻子的、有湿敷的、有食用的，并且进行了她惯常的步骤：点穴、揉奶，边挤边说挤出了很多脓水，什么再晚点就要去医院开刀引流了。

产前我看过沈先生一个朋友在新加坡生孩子的日志，她由于急性乳腺炎治疗不及时，最后化脓作了引流手术。我心存阴影，脑海里尽是她乳房被开了一道口却十几天不能缝口，还得每天进行冲洗的恐怖画面，因此把全部希望寄托给这位王大夫。

在挤出了N多据说是“脓水”的黄色液体后（其实就是淤奶），王大夫叮嘱我这几天必须吃素。于是，接下来的一周，我每天只能吃水煮青菜+米饭。看我一脸菜色，比刚生完孩子那会还不如，给我做饭的婆婆经常忍不住躲着我掉泪。

就在疼痛和时高时低的发烧中度过了两天，胸部的剧痛还在继续，右边经常是好容易喂上就一阵钻心的疼痛。身上也经常敷着各种奇怪的膏药，每隔几小时就要喝几大碗中药，更要命的每天还得请着那位王大夫上门来“蹂躏”自己。好在左边的乳房已经喂得比较顺畅了，烧也渐渐退下来了，去医院查了血象，似乎也没有炎症了，但人感觉命已丢掉大半，在日志上写了“生不如死”这四个大字。

疼痛只是稍微好转，但仍没有完全退缩的意思，我开始陷入化脓开刀的恐惧之中，整晚整晚的失眠，绝望不堪。王大夫每次都说我好了，但乳房的肿块却越来越多，早已不局限当初右乳发作的那个。各种土方陆续登场，王大夫在最后表示束手无策，并解释说：“你的症状太奇怪了，这么多脓水，却不发烧没有表象。”给我开出了吃蝎子的药方，并立场大变，让我改用改吸奶器吸出来，及时排空奶水，然后再给牵牛喂哺。

婆婆已经察觉出王大夫不过是个江湖骗子，为了让我们多请她上门揉奶，才一直勒令我不准使用吸奶器，但现在再去跟这个什么中医世家出身的王大夫理论已经毫无意义。看书得知，乳腺炎只有让孩子多吸或者干脆断奶，才能彻底解决问题。谁都知道初乳的营养最好，现在断奶未免太过可惜。换句话说，现在最能治好我乳腺炎的，就是小牵牛了。所以我每次都是咬紧牙关让牵牛继续吸吮我那疼痛不已的右乳，可他好像喝出点什么异味，总是扭扭头不要，看他饿得哭闹得几乎要背过气去，我只能抱着他流泪，母子俩哭成一片。家里人为了让还未满月的小家伙不放弃对我的“治疗”，经常狠下心来按着他的小脑袋往我身上凑，所有人都心疼得难以堪受，心里充满内疚。

身体的虚弱和病痛让我无法为小牵牛做任何事，当了二十多天的妈妈，我却一次尿布都没有给他换过，一次澡都没帮他洗过，只有在喂奶的时候才能抱抱他，而那时却是我们母子俩最痛苦的时刻。一向自诩壮如牛的我在整个孕期表现彪悍，产后却全身乏力，经常耳鸣头晕，加上产后休息欠佳，恶露增多，觉得整个身体都要垮了，情绪也是反反复复，一天中只有偶尔那么一会会稍微平静，其余时刻仍然觉得无限恐慌和绝望。

丧失信心的我再次求助于××妇幼，这个据说是京城治疗哺乳期乳腺炎比较有经验的医院。每次作出调整治疗方案的决定都是艰难的，毕竟我还是一个没有出月子的初产妇，北京的气温也日趋寒冷，出门受寒会留下病根的恐慌让我变得神神叨叨。但病终归是要治的，穿过大半个北京，我和沈先生来到了××妇幼，很顺利找到了专家，判断我为乳汁淤积，给我开了理疗单子，开了几盒清热解毒的口服液，叮嘱我们可以继续喂奶，如果期间再发烧赶紧送医院。

疼痛并没有因为那几盒双黄连口服液有减弱的趋势。为了保持奶量和防止炎症继续加重，我强迫自己每隔一小时吸一次奶，但越吸奶水只会越多，奶水越多就愈加可能增加炎症的程度，然而不吸掉奶水，残余的奶水堆在不通的乳腺里也同样会加重炎症的程度。就在这样十分矛盾的恶性循环中，我又度过了两天，并且难过地发现一直喂养顺利的左侧乳房也出现了肿块，不得已我又去了××妇幼，做了一系列理疗后找医生复检，大夫开出了B超单子判断右侧可能脓肿的诊断。

经过了这么多折磨和努力，却仍然是化脓的噩耗，我当场崩溃。在沈先生和远方父母的安慰下，我无奈接受了穿刺手术，好在这种疼痛还可以接受，伤口也仅仅是针眼一般大小，我被抽出了200cc的脓水还有坏死组织。

医生给我开了头孢类抗生素。为了牵牛的健康，我只能把奶水吸出，不可以再亲自喂他了。只记得在吃药前的最后一次喂奶，从来不觉得有多神圣多幸福的我，抱着牵牛又大哭了一场，就是这样令人熟悉的哭泣伴随我度过26岁的生日、圣诞节和新年。

为母则强

新的一年来临，在北京50年以来最冷的一天，我和牵牛爸再度踏上去医院复诊的道路，这已经是我月子里第八次出门了，我当时心里已打定了如果这次再没有好转就彻底放弃母乳喂养的念头。

凌晨6点的京城，积雪到膝，里外包了四五层的我仍感冰冷刺骨，内心的苦楚难以描述。为了让我能稍避风寒，沈先生把我安排在一家餐厅的门口，自己顶着风雪一遍遍地召唤出租车。看他来来回回折腾却始终没有见到一辆空车的踪影，我又脆弱地泛起泪花，心想老天爷到底要折磨我们这个小家庭多久。

7点到的医院，医生都还没有上岗。好容易等到了专家，B超的结果显示乳房仍有多个囊肿，唯一改变的是未见腋下淋巴结肿块，即炎症消退。医生同时告诉我说那些乳房肿块不用费劲揉了，等孩子断奶后它会慢慢吸收的。医生让我继续喂奶，断奶后再来复诊。

这样的结果已经让我麻木，胸部的疼痛感觉仍在。我只能期望吃两天消炎药后，我喂牵牛不会再有那种钻心的疼痛。冲进家门，患病的那侧乳房喂牵牛竟然不再像从前那样疼痛，宝宝咕咚咕咚吃得很卖力，吞咽得很满足。月嫂和婆婆当即流下了眼泪，我却对突如其来的转机半信半疑，不停问月嫂："阿姨，我真的好了吗？我真不觉得疼了哦，我这关真算过去了吗？"

只听她们不停地对我说："你算过去了，你总算过去了！"

解脱来临时，我没有当即流下高兴的眼泪，得乳腺炎二十多天反反复复的病情让我对这次胜利还是心存疑虑。但我却真真切切体会到了喂奶的幸福，不再将其当成刑罚。

那天，吃得饱饱的小牵牛温顺地在我哄睡中睡了一个长觉，说起来惭愧，那天竟是我当了母亲以来，第一次哄着自己的小孩睡觉。本以为战胜病痛的我会写下多么煽情的文字，没想到却是这么平白的叙述，如果不是怕日后像忘了生产的痛一样忘记这段历程，也不会如此匆忙地记录。

好在除了我，牵牛一切都好。上天把这个小天使降临的代价全都让大人来付出，这应该是为人父母最大的庆幸和安慰。养儿路漫漫，得乳腺炎的那些天虽步步是苦楚，但也步步是成长。我不再是那个蜷在哭泣婴孩旁不知所措的小女孩，而是渐渐强大到可以为他挡风遮雨、担当所有的坚强母亲！

满月是一个神奇的时间点

由于上两章的"血泪史"有吓得让人不敢生孩子之嫌，所以我特地补充一些轻松文字，说点我个人浅薄的产后哺乳和坐月子的心得体会。

在我被乳腺炎折磨得死去活来时，很难想象几天后，我就可以很轻松地看着电影，喂着自己的娃儿。月子里日日以泪洗面的境况，似乎在出了月子之后有了质的改变。之前很多人都劝慰我，出了月子一切都好了，看来果真如此。

我不禁感叹，满月真是一个神奇的时间点啊！

至于为什么这么神奇，我想这跟心态有极大的关系。坐月子的一堆堆禁忌和后遗症在未生产前就如同一张大网狠狠地绑住了我的心。这种来自传统的震摄力量实在不容忽视，生生把一个怀孕时肆无忌惮，胡吃海喝，自信满满的我吓出了神经质。想一个每天都以洗澡为乐的人儿，竟然能忍受31天不洗脸刷牙、蓬头垢面的，就可以想象我内心对传统的敬畏了。明明房间里没有风，却总感觉脚底生风，明明水是温的，却觉得凉，饭菜也是一点生冷都不碰，看谁都不顺眼，人随便一句话就可以寻思半天，我粗粗的神经硬是磨成了小针眼。

这当然跟产后体内各种元素下降，因而导致生理上内分泌的变化、情绪波动的客观因素有关，加上身体各种不适，也没有做好当妈妈的心理准备，因此我感觉坐月子如同坐牢，度日如年，甚至生不如死。不过只要慢慢调整好心态，随着身体的渐渐康复，增加和宝宝的亲密度，增加当母亲的成就感，很快就能适应新妈妈的角色，并且乐在其中。

产后一路这么磕磕绊绊，让我忘记一个很简单的道理：很多事情都需要一个过程，需要顺其自然。在有些问题上太过较真、太追求完美、太勉强自己反而会把事情推向事与愿违的方向。在月子里为了追寻一个纯母乳的坐标，我把自己折腾惨了不说，还连累了小牵牛和家人。

好在老天也对我也不算太薄，我很快就想明白这一点，放松心情，不知不觉中竟能达到全母乳了，已经完全不需要奶粉的补充，完全能供给得上刚出月每餐都要喝130毫升、每天不少于1000毫升的小胃王牵牛了。之前谁都没想到我这个平日一副娇滴滴的小姐模样的人，在遭遇了急性乳腺炎那么大的坎后，还能把喂奶进行到底。月嫂阿姨还夸奖我是她见过最能坚持、最有韧劲的产妇，她说要是换成她女儿，她早

看不下去直接放弃了。婆婆也说我真的不再像个孩子，有个当母亲的样子了。

（好吧，请原谅我的虚荣心，但我真觉得她们夸我都夸到心坎上了！~（@^_^@）~）

可能很多人会认为我本来就很能忍痛、很能吃苦所以才能做到顺产和全母乳的，但之前我已经重申过好几次，我是一个连去医院抽个血打个针都怕得不敢看、痛点极低的人。但人的身体真的很神奇，它总能超越你能忍受的极限。每当阵痛来临时，我就觉得我快要疼死掉了，但忍忍也真都过去了，在顺产时是这样，在得了乳腺炎坚持喂奶时也是这样。

没有人是天生的奶牛。娃吃什么都会健康茁壮地成长，但作为一个母亲，应该尽自己最大的努力去喂养自己的孩子，在这个过程中，你可能也会碰到各种各样的困难和苦楚，但只要有信心，你一定能做得比你想象中要更好！

感谢在此历程中，感谢一直关心开解我的朋友和家人，感谢一直照顾我起居饮食的牵牛爸和牵牛奶奶，感谢帮我照顾牵牛的月嫂。最后要感谢牵牛，是你让我变得如此坚强，如此骄傲。从今以后，我要更加珍惜和你的每分每秒！

东南媳妇VS西北婆婆

我：东南沿海移民人士，产龄未满26岁，火象星座（射手），非典型80后

技能：能吃能睡

爱好：上网 聊天 电影

弱点：不能吃辣

武器：三寸不烂之舌

战斗力指数：★★★★

我婆婆：西域汉族人士，教龄超过30年，火象星座（狮子），典型50后

技能：能文能“舞”

爱好：谍战片 养生节目

弱点：对没有味道、长得丑的菜难以下咽

武器：一双巧手 飞毛腿

战斗力指数：★★★★

在嫁给沈先生之前，就有不少已婚的姐妹给我提前预警“未经婆婆锻造的女人不是成熟的女人”，当我诚惶诚恐地想要掏出小本本想要和各位前辈取经时，无奈遇到的多是不太成功的范例。

我的婆婆张老师，50后狮子座，爽朗的性格伴随她走过30多年小学语文教龄。她拥有他们那代人典型的优点，吃苦耐劳，勤俭持家等。在某些方面，她又不像某些50后父母那样狭隘，虽然只有沈先生这个独

看起来像婆媳间充满硝烟的战场，其实是婆婆帮我看项链戴歪了没。

子，却从不干涉他的自由，也不包揽他的婚事或是插手他的事业。

我一直觉得自己很幸运，积了八辈子福才能碰上这么开明的婆婆，她甚至都不介意我和沈先生是网恋，一直对我夸赞有加，也不因我是个家务白痴、事业上有所追求而苛责我什么。和我爸妈一样，她从不逼着我们结婚，更无所谓我们什么时候生孩子。就冲着这点，我都找不到不给她做媳妇的理由。

但也有很多过来人语重心长地告诉我，那都是因为我和婆婆并未真正生活在一起。中国家庭里的婆媳关系，被公认为是一本最难念的经，尤其是怀孕以及坐月子期间，往往纠纷不断。各大情感伦理论坛里，小媳妇控诉恶婆婆的血泪贴比比皆是。我和婆婆在婚礼上的匆匆一见，怎么能保证我们貌似母女般亲切的婆媳关系在往后数十年的相处当中就不会起什么波澜?

我也不禁为此长捏了一把汗。因为怀孕后，不便辞职的我，不得不面临和婆婆一起生活的严峻考验：我和沈先生的工作都很忙，单位食堂的饭菜显然不够当时身为一个大肚婆&大胃王的我的胃口；家里的新房也没装修好，正是百废待兴的时候；我爸和我妈也没退休，不可能长期来北京照顾我。就在这个急需人手的当口，刚退休未满一年的婆婆，主动请缨从遥远的大西北乌鲁木齐赶到北京，给我和未出世的小牵牛当厨师。一时间，让我这个成长在贤妻良母辈出的潮汕地区女子，十分汗颜和感动。

很快，一个明显的分歧就冒出来了：一个土生土长的西北内陆人和一个东南沿海广东移民，确实很难吃到一块去。

在食物的种类上，张老师偏好面食，我偏好米饭；她喜欢吃饼，我喜欢喝汤；她喜欢吃牛羊肉，我喜欢吃鸡鱼鸭；她惯作养生节目中的几种降压降血脂菜谱，每天来来回回都是花菜、西红柿、茄子等几种“养生蔬菜”，我希望每一天都能吃到上10种食物，每一餐都变着花样来，种类永远不嫌多。

在吃的口味上，张老师是无辣不欢、无盐不食，我是有盐无盐、有油无油都能吃，但遇辣则逃，且不喜欢黑糊糊的酱油，即使香气四溢也不敢入口。

在菜的品相上，张老师是精耕细作，连蒸个南瓜都要雕出个花来，路线向大酒店靠拢；我是只要食材新鲜，管它切得胖瘦不一、带皮去皮，不嫌美丑一概呼噜呼噜吞下，经常是一锅煮一锅吃。

我偶尔也能跟着张老师吃馕吃面吃辣得发红的大盘鸡，但张老师却很难跟着我吃鱼吃虾、饭前喝汤、剩饭剩菜决不过夜。

好在吃的问题还不算太难解决。万能的张老师很快想出了法子来迁就我和牵牛：她通常按照我的口味，煮一锅无调料的汤，再炒一桌低盐低油低糖几乎无味道的菜，等到我全部吃完，再拿出一瓶西域红辣椒，拌在饭里吃得欢快。

很显然，她的工作量增多了，让白吃白喝的我深感愧疚，巴不得立马化身一口一个辣椒的吃辣狂人，和婆婆一起吃得尽兴。奈何已为孕产妇，无论是孕期还是哺乳期，皆以饮食清淡为好。

张老师有时看我陶醉在那些没有味道的菜中，忍不住对我竖起大拇指说："媳妇啊，你们南方人真厉害，这些菜一点味道都没有，你都能吃进去。"

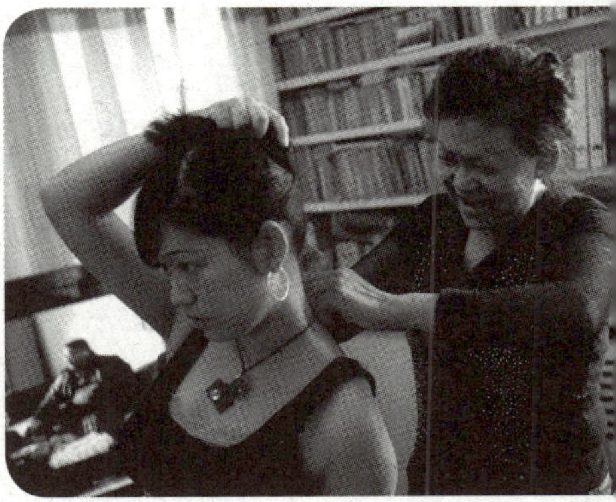

婆婆经常鼓励我在怀孕期间也要打扮得美美的，力当新一代辣妈。

一直打着"健康"名号想要同化婆婆饮食的我，也指着她早上买的油炸果子，回应道："妈，现在使用地沟油的无良商贩很多。这种不健康不安全的食品，您还是少吃。"

"少吓唬我。又不是让你吃。"

"妈，您养生节目不是常看吗？清水煮的菜最健康。"

"不行，你杀了我，没味的菜我也吃不下。"

"那您还看养生节目做甚啊？"

"我是为你们而看。你们年轻人忙，总顾不上身体。"

一语袭中我心扉，再次被伟大无私的张老师感动得无以复加。我突然想起，张老师体谅我深夜里带孩子很辛苦，从不催促我起床做早点，打扫卫生，帮孩子洗漱穿衣服，她总是在我睡得迷迷瞪瞪的时候就把牵牛接过去，把事情都料理妥当，还时常在我起床时帮我盛上一碗热粥，叫人热泪盈眶。

张老师已然是完美婆婆领域中的精品了，我怎么能那么随意就给她难得一尝的油炸果子安上"地沟油"的罪名呢？何况，一直都是张老师在迁就我，从不企图把她喜好的食品以各种高人一等的名义来同化我，我怎么能像婆婆管制媳妇那样，连她好不容易吃个煎炸果子都要插上一脚，真是比恶婆婆还恶婆婆。

终究一家人无法同时进餐增进感情，是一件十分遗憾的的事情。所以，我发誓断奶后一定要苦练吃辣子和喝羊奶子，等带着娃回新疆探亲时，一定要做出个西北媳妇的样子！

婆媳如何相处

像这样由于地域不同、年龄不同、观念不同而产生的分歧还有很多，但如何在这些分歧中求同存异，不影响家庭和睦气氛，确实是一门高深的学科，涵盖外交、心理、哲学等方面。在这里，我想谈点小小的体会：

尽量不和婆婆住在一起

俗话说“远香近臭”，再好的婆媳关系，也要保持一定的生活距离。这就像维护和平共处五项原则的第一条“互相尊重主权和领土完整”，没有各自独立的领土和空间，又谈何尊重？

我爸很早就告诉我，两代人最好不要住在一起，以免生活上的磕磕碰碰伤了和气。我谨记他的先见之明，一直坚持我、沈先生和小牵牛住一屋，婆婆住另一屋。婆婆白天来、晚上走，我们在一起吃，不在一屋睡。即使我和沈先生再忙工作再忙孩子，也一定要保证老人独立完整的休息时间和空间。这样，张老师可以自得其乐地追着她酷爱的谍战连续剧或者和我远方的公公打打电话，我和沈先生也可以关上门说点只属于小夫妻的私密话。彼此不得已产生矛盾时，也有个相互喘息和下台的空间。

所以需要父母公婆施于援手的职业夫妇最好能创造机会，给一起生活的公婆或父母一个相对独立的好的生活环境。不要图省钱省事，硬拉着生活习性和年龄段大为不同的人住在一个屋檐下，亲父子母女之间尚且有摩擦，何况是本来就微妙敏感的婆媳关系，别到时候活不累，心累。

善解人意

别看我和张老师经常在家里“互掐”，却未因此伤了和气。我们经常就两代人不同的观点和立场对一个问题进行争辩，但就事论事，决不往自己和对方身上套。

做媳妇的，胆敢跟婆婆“吵架”，在常人眼中简直是大逆不道。但正是我了解张老师直来直去的爽快性格，知道她不喜欢藏着掖着，更不喜欢有人在背后搞小动作说“悄悄话”，我才更愿意在有意见分歧时，当场就和婆婆把问题摊开了讲清楚，因为我也是一个有事说事，藏不住话的火象星座。这一老一少都来自“火星”的直率女人一拍即合，经常乐此不疲地通过“吵吵更健康”的方式，来加深对彼此的了解。这也不失为婆媳间颇为另类的“沟通”方式。

拍马屁尚且要拍到点子上，你没有一双了解婆婆内心深处的慧眼，又何谈孝敬和体谅呢？

比如，我在相处中知道张老师的喜好，所以我从不和她抢电视遥控，只要电视里播映她酷爱看谍战片和养生节目，我一定主动把牵牛抱到自己身边，让她能够专心投入地享受她的挚爱。有时间的话，我还会和她一起看这些我其实并不十分感冒的电视节目，和她一起探讨剧情和养生专家所说内容的科学性。

又比如，我一直愧疚张老师跟着我们总吃得不习惯，尽管她嘴上从来不说，但我看得出来她十分想念西北的吃食，所以我一有机会，就会带着她去新疆的馆子改善伙食，看到她喜欢吃的零食特产也会买来孝敬她。平日里的正餐我能在单位食堂解决就尽量在单位解决，不让她在调和南北大相径庭的口味上太过为难。

再比如，我知道张老师十分勤俭节约，所以从不在她面前乱花钱，并让她了解我们这个小家的收支情况，每一件网购的物件我也都会跟她耐心解释其价值和用途。连送给她的礼物，我都会考虑再三，送她300元的商场正品遮瑕膏，而自己只买39元的网购小品牌。因为送给节约型婆婆的东西一定要实用，但也不能选得太贵，若送得太昂贵，她会觉得你铺张浪费，担忧她儿子的经济负担。即使你花了1000块钱的物品，也要说成两千块的价值，这样婆婆才会放心把家、把儿孙都交给持家有道的你。

睁一只眼闭一只眼

婆婆喜欢一口气买好多菜屯着，媳妇喜欢常买常新吃新鲜蔬菜。

婆婆爱把孩子裹得严严实实，媳妇恨不得小娃光着膀子就在外面滚。

婆婆习惯两天洗一次澡泡一次脚，媳妇习惯一天冲两次凉洗一次头。

婆婆爱买街边小摊小贩的衣服和零食，媳妇只相信国际名牌和正规餐馆的品质。

……

媳妇觉得婆婆简直土掉了渣，省钱省得过了头，婆婆觉得媳妇简直无法无天了，花钱像是大水淌来的一样。

于是，什么“败家的”“代沟”“好心全当驴肝肺”“没良心”“小气”“自私”等种种骂名接踵而来，顷刻就能撼动家庭稳固的地砖。

其实，偶尔吃吃剩菜剩饭，也不会马上食物中毒马上进医院；偶尔几天不洗澡，也不会身长虱子，臭气熏天；娃少加一件衣物，也不会那么脆弱地就感冒了；有时候一件物品的价值，也不在乎它的出处和标签，更在于它能给购买者带来多大的欢乐。

所以，这些吵起来很严重，看起来不足挂齿的矛盾，有什么大不了的呢？媳妇大可睁一只闭一只眼，就让事情过去了。喜欢常买常新吃新鲜蔬菜，自己买就是了；看到娃娃衣服穿多了，脱掉一件就是了；爱清洁，就趁婆婆不在的时候多洗洗就是了；爱买正品，自个拿钱买就是了。

犯不着逆着一个老人家的意思，和她进行冲撞。中国人讲求面子，谁都不喜欢自己的习惯和做法被轻易否定掉，尤其是一些观念已经根深蒂固的长辈。媳妇一定要学着洒脱一点，让大事化小，小事化了，对你对婆婆对小家都好。

不把战火引向老公

遇到矛盾时，不管婆婆有没有道理，我首先会接受她的观点，然后再动之以情，晓之以理地和她摆事实，讲道理。遇到原则问题或是实在抹不开面子的摩擦，我才会求助沈先生。

怎么说呢，我其实并不赞同婆媳之间的矛盾让丈夫过多地介入，有时两个人的战局如果再掺上第三个人，会使问题更加复杂化，继而引发更多不可控的家庭矛盾。

张老师有一个最最好的地方，就是她从不依仗自己辛辛苦苦养育了沈先生20余年，就对抢了她最宝贵劳动果实的我充满抵触和敌意；也不依仗自己升了级当了奶奶，就独揽牵牛的养育大权，对我的建议置若罔闻，即从未跟我“抢老公”和“抢孩子”。

张老师是何等聪明，她对沈先生有三不干涉：不干涉恋爱不干涉工作不干涉婚姻。现在有了牵牛，要加上一个“孙子不干涉”。她总说，成了家，儿子就归媳妇管了，所有她想要提点沈先生的话总是通过我的口向他传达。

张老师又是何等的用心良苦，她知道只有给沈先生充分的自由和安定的家庭，才能给他更大的发展空间和更坚实的后盾。

在这点上，我一定要向张老师学习。和她约定，婆媳矛盾内部解决，不到万不得已，决不惊动沈先生。有什么话直接挑明，不要沈先生一个大男人在中间当传话筒，夹心饼。

带孩子尽量亲力亲为

在中国，很多老人都热衷帮儿女们带孙子，尤其是得了孙子的奶奶们。但为了减少这之间的矛盾和摩擦，我主张媳妇即使再忙再累，也要尽力去带孩子，不能全丢给老人，做甩手掌柜。因为无论婆婆真心想要帮你也好，不放心自家孙子也好，她终归不是孩子的母亲。

媳妇们不能轻易放弃自己作为一个母亲的权利和义务。婆婆不可能，也不应该比你更了解自己孩子的起居饮食和性格特点。养育自己的孩子，这本来就是一个母亲的义务。如果婆婆不放心、不尊重，你一定要拿出可以让她放心的资本，以实际行动来证明你即便再年轻、再没经验，也可以把孩子带得很健康、很出色。

相反，婆婆也要尽量留给媳妇自己带孩子的机会，毕竟您再年老力壮、再疼惜孩子，也不可能照顾小孙儿一辈子，孩子总要回到母亲身边，媳妇也总要锻炼成一位能够像您一样有所担待的母亲。

总之，婆媳之间也没有什么过不去的坎，很多婆婆都是这样的，你体贴了她一点，她会为你想得更多更远。只要彼此更宽容一点，更体贴一些，三代同堂的美好生活，指日可待。

我们都来自火星

作为曾经雄霸一方的星座小天后，不给自己的儿子算上一把，真是愧对黄半仙儿响当当的封号。

星盘

牵牛星盘

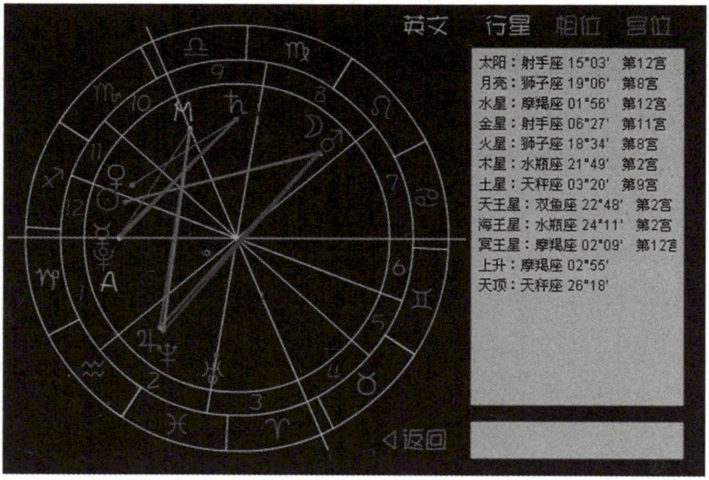

牵牛妈星盘

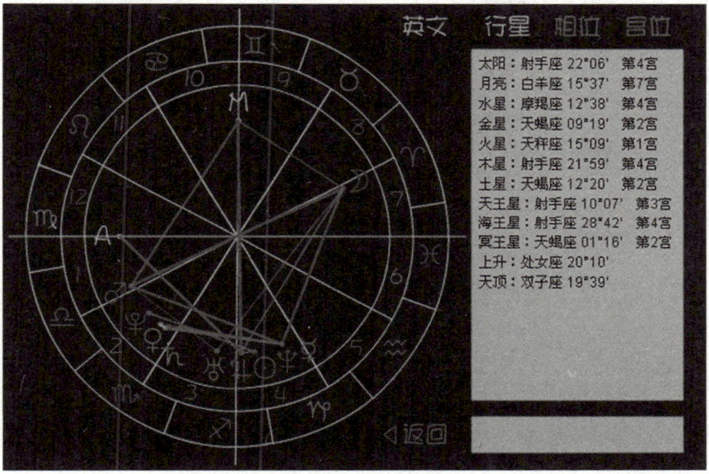

牵牛爸星盘

以上都来自我见过最全面、最专业、最详尽，最重要的是它是完全免费的星座命盘分析网站：http：//www.nongli.com/item5/xingzuo/12xz_mp.htm

使用方法

1.依次填空；

2.“选择城市”里如果没有你的出生地，请专业一点去网上查一下确切的经纬度，然后填上（这很重要，关系你的上升星座）；

3.“上升天顶”选“显示”；

4.然后点“计算”；

5.右边的框框会出现你的命盘列表；

6.点击那个列表，会出现你所点位置的星座解析；

7.请点击解析下面的“全部行星”。

这样，你就可以得到一份2k字至3k字的命盘分析。

注：确定相位的有效性涉及一个“允许度”（Orb）的概念，因为行星形成的角度是有一定误差的，允许度也就是指标准角度的误差范围。

导读

在占星学上，黄道12星座是宇宙方位的代名词。黄道12星座代表了12种基本性格原形，一个人出生时，各星体落入黄道上的位置，可以代表一个人的先天性格以及天赋。

在星盘中，我们主要看“太阳星座”（就是我们通常所说的12星座）“月亮星座”“金星”和“上升星座”对自身的影响。

简单地来说，太阳星座代表你的整体性格，月亮星座代表你的内在性格和妈妈的关系等，金星代表你的爱情、上升星座是你的个性和30岁以后凸显的性格。

男生由太阳星座主导得多些，所以更看中太阳星座部分；女生由月亮星座主导多些，所以更看中月亮星座部分。

水星是管智慧和语言的，火星代表野心和欲望等，木星关乎从事的职业。

天王星、海王星和冥王星若有多个落在射手座上，则通常海外运极佳，这三颗星都和一个人的灵性和某种潜在的磁场有关。

相位的影响力不是很大，我也研究得不多，各位有兴趣的准妈妈可以参考着看看。

星象划分

12星座可区分为水象星座（巨蟹座、天蝎座、双鱼座）；火象星座（白羊座、狮子座、射手座）；土象星座（摩羯座、金牛座、处女座）；风象星座（天秤座、水瓶座、双子座）。

属于同一星象的人，往往性格相近，较好相处。

若整个星盘的大部分星座都落在圆盘的某一个方位，证明性格稳定，行为举止也较为统一，不会有什么太出格的惊人之举；若是各个星座分散在圆盘的各个方位，证明性格多变且相互矛盾，容易拧巴，常有惊人之举（举例：本人。决定我个性的太阳和上升主要两个星座分别落在射手和处女座，即火象和土象，决定我爱情的金星又落在水象星座天蝎。整个星盘也呈四边形，几乎所有的星象都挨了一个边，怪不得本来是大大咧咧粗心大意的射手座，却有着处女座追求完美细致到家的龟毛性格，让我的人生和选择充满了纠结和意外。）

所以说，整体星盘风格不统一神马的最讨厌了。

我们家的“火星人”

从我们一家三口的太阳星座来看，分别是射手、射手和白羊，外加一个狮子座的牵牛奶奶，是显而易见的火象组合，和谐得不能再和谐的“火星”家庭。

事实也的确如此，除了我和婆婆“南媳北婆”能惊人地相处得比我和我妈（射手都VS天蝎，即火象VS水象）都要好，我和沈先生也经常是鸾凤和鸣，好得鹣鲽情深。

至于小牵牛，我“不幸”地发现，他竟然是一个虽和他爸一样看起来很老实（上升星座落在代表踏实、实干、内敛的摩羯座），却比他妈（金星落在感情强烈专一的天蝎座）花心得多的射手男，因为此哥的金星也落在了十分博爱的射手座上。

这么说，哥是个看起来实诚却很花心的小祸害咯。算了，看在他能“为母带财”（月亮星坐落在狮子座，第四宫）的孝心上，还是就这么着吧。

反正，星座也不是我们“火星人”真正的生活态度。

初见端倪

与牵牛小盆友磨合了50天，其性情也凸显得七七八八，养娃养到目前这个阶段，再也没有初为人母的手忙脚乱，也不再顾及左专家右育儿书的教条。反正娃是我的，人是活的，各有各的路数，何必耽误这天赋的乐趣。

生活作息

很多书上都说，孕期要养成良好的作息时间，否则小娃出生后作息时间会随着孕期给大人生活造成紊乱。怀孕那阵，由于上班和本身贪玩，一直是精神抖擞的晚睡早起型，而牵牛小盆友则秉承了晚睡晚醒更加“不良”的作风，临睡前对我进行疯狂“掠夺”后也要闹到十一二点才肯呼呼大睡，接着后半夜沉睡如猪，半夜不叫醒决不睁眼，早上吃奶也是迷迷糊糊，瞌睡连天。

本来如此适合成人作息的生物钟是极为让其他父母羡慕的，可怜我月子期间后半夜根本睡不着，唯一的瞌睡劲儿只萌生在晚餐后的8点至12点，每每此时，又是牵牛小盆友最最饥饿和精神的时段，好像永远都吃不够，永远都不松口。

那时带着乳腺病痛加上身体劳累，牵牛临睡前的那顿大餐我经常会向奶粉妥协，但为了保持奶量，我很强迫症地每过一两小时就要自动醒来吸奶。因为一方面深受“母乳狂人”们的毒害，一方面为了填平我的愧疚之情，家里人都认为我成天不睡觉都快成仙了，我也无奈自己后半夜就是睡不着，白白浪费牵牛如此体恤的生物钟。

随着喂奶渐渐顺手，心情渐渐明朗，我也不在深夜勉强那位小睡神充当吸奶器，吃吃睡睡还要嫌弃他干活不卖力。睡觉是小盆友的大事，也是我的大事，没必要为了点奶，母子俩整天干仗，晚上的睡眠时间逐日拉长。

终于，近百日的牵牛小盆友奇迹般赏脸，8点不到竟然沉沉跌入梦乡，受宠若惊如我，生怕他吃不饱一会又醒来喧闹，一直陪伴到9点多才忐忑睡去，12点母子同时醒来，供需一顿后，3小时后又极为标准地同时醒来，期间没有任何挣扎和吵闹，一切进行得那么顺当和安详，给予了我极大的满足和成就感。

俗话说，小孩是“猫一天，狗一日”。以后怎样，谁也下不了保票，成人都养不好规律的作息时间，又怎么能勉强一个小娃做到？要妥协的，永远是当妈的。

相貌

怀孕期间，虽然口中总对生男生女无所谓，但内心还是希望生一个男娃，主要原因是男孩一般像娘，我迫切想看到上帝是如何造就一个男版的我。

可牵牛出生后，虽然五官有部分像我，但大多数人觉得他还是更像沈先生，我这个当娘的颇为伤感，安慰自己他的模样天天都在变，也许有一天猛地一看，就突然觉得他怎么和我是一个模子里印出来的。

第一时间就觉得自己生出来的孩儿好看的圣母们，我很佩服你们的审美观，真不晓得那些在我看来都长得差不多、皱巴巴的“小老头们”有啥看点。说实话，牵牛出生后的好长一段时间，我都不觉得他是一个特别好看的小孩儿。但养小崽嘛，最大的乐趣就是天天发现惊喜，遥想当年我出生时是一双单得不能再单的眼皮，我妈因而坚信我是双眼皮和我爸打了19年的赌，在大二的某一天，我莫名其妙地就双了。

就目前来说，牵牛的长帅空间还很大。

性格

爱逞能

这个说好听点，可以称之为自主能力强。明明是刚出生的小小娃，什么都要自己动手，喝奶瓶要自己用手捧着，吃奶要自己挤着，被子衣服经常自己蹬掉，拍嗝的时候头一直摇头晃脑不肯老实趴着，俯卧的时候喜欢自己向前拱，以为自己是6个月大的小娃，会爬了。

但若不是他这种韧劲，我的母乳喂养之路也不会坚持到现在，换了别的小盆友早就放弃，乳头混淆捧着奶瓶咕咚咕咚了，才不会每天只要醒着就使出全身的力气奋力去叼奶头，有时候努力了一两小时还是叼不住，又哭又饿休息了片刻，又摇头晃脑奋力一叼，从不言放弃。

人来疯

牵牛小盆友一直是以睡神著称，有时候早晨不叫他起来，连吃饭都顾不上。但自从他外婆到家以后，牵牛白天就基本没有睡过超2小时，总是睁着乌溜溜的大眼睛，手舞足蹈，口中念念有“词”，又是游泳又是拱爬地拼命表现自己，在外婆怀里也像吃了摇头丸一样，摇头晃尾形似卖乖。明明困得眼睛都快睁不开了，只要有一点力气，或者吃了点奶垫了底就又发出各种声音，吸引我们注意，想要与我们成人对话。以前为他老昏睡犯愁，这会又为他太过活跃犯愁。看来，小盆友就没有让父母省心的时候。

察言观色

由于我们一家人都信奉小孩子从一出生就懂人话一说，因此只要有机会我们就会跟他对话，并试图猜解他哭闹和哼哼唧唧的原因。有时猜得对能马上制止住他的哭喊，有时也觉得他在使坏，故意捉弄我们。

我们对他察言观色，他其实对我们也在察言观色，比如牵牛小盆友在家里绝对惧怕的人就是他爸。因为沈先生最爱和他讲道理，也不由着他，屁大点小孩就让他学忍耐，学坚强。在他爸的怀里，牵牛总是神情严肃，大气不敢出地乖乖听命，即便真是饿急了，也会平静片刻，一本正经地听教。

比起威严的沈先生，牵牛早就认清我们这些妇孺之辈的“软弱地位”，其结果是一提到他爸，牵牛的眉头经常皱了起来，一副很委屈的样子；提到奶奶和外婆，要么手舞足蹈异常兴奋，要么不屑；加上奶奶外婆本身就是有求必应，更是有恃无恐。至于我，大概被哥当成奶瓶吧，一看到我就会吐舌头，张着口找吃的。

如何对他进行教育，我们还一直处于摸索当中，太顺着他怕养成了坏毛病，太严格要求他又怕伤害他，甚至一家人还会因此起争执。后来平静下来想想，哪家养小孩都是摸着石头过河，还是走一步算一步，顺其自然吧。

小本事

1.出生第二天就会把头抬得高高的，腰板和脖子从来就没软过。

2.俯卧的时候可以运用头和脚，一拱一拱从小床的一头爬向另一头。

3.双手总是交叉作揖，还经常抓住我的手指往自己嘴里送——真是一个吃货！

4.每天都会发出一种新的声音——看来语言表达能力不错。

5.喜欢音乐，闹的时候唱歌可以哄得定，还会跟着拍子有节奏地挥动双手，像个小小指挥家。

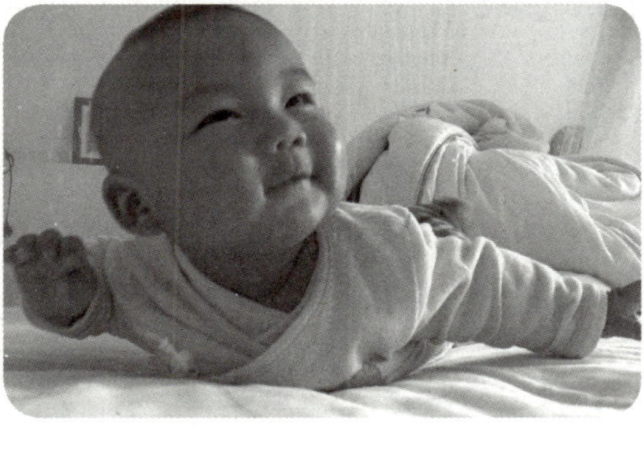

小伙子100天已经可以四肢展开做飞机状了。

纪念日

昨天是我和沈先生的结婚纪念日，1年么，纸婚不足挂齿。

今天是小牵牛诞辰的一百天纪念，1年前，这娃入肚。

遥记某年某月记录爸妈的银婚纪念日时，和沈先生分隔万里，并未相熟，身处南国之隅的我从未想过那个MSN上还流连在莫斯科河畔的男生，一年之后会成为自己的丈夫——俺孩儿他爹。

眼看这些值得纪念的日子匆匆而至，却千头万绪难以描摹，可能是被继续忙碌的生活所冲淡，又可能是自己习惯了"从这头山翻过那头山，风景并没有什么不同。"

而生活的内容又是确确实实地不同起来，从一日三餐再到喂哺牵牛的时间分配，很自然地多了另外两个人的份额。而从前作单身女青年那些个快乐、忧愁与寂寞只是换了个名称变成已为人妇、已为人母的喜怒哀乐，不会因为谁谁谁的出现而改观。

幸福的时刻总是有的，比如握着娃的小手入睡，看他无比依恋地伏在你胸膛，一股暖流直入心间；等着沈先生洗完碗，牵着他的手散步花园，又是何等的温馨浪漫；又比如给娃选购琳琅满目的婴儿用品，和童心未泯的沈先生偷玩牵牛的小玩具；哪怕是带娃带得腰酸背痛，宅在家里闷得七窍生烟了，当小崽向你爬过来，紧紧地抱着你，给你一个天使般的笑嫣或无比香甜的Baby kiss，万千疲惫也就烟消云散了……却不想因这些个美好就为婚姻和育儿加冕升辉，更不想一副自拔身价的嘴脸，奉劝未婚人员纷纷投入已婚大营，未育人员加紧造人。

因为我现在也确确实实会想起以前一个人的自由与好，那些随手拈来的旅行安排，随手拈来的食堂饭菜，随手拈来的电话粥，随手拈来的饭局牌局，甚至是随手拈来的修马桶修电灯的能力，还会时不时佩服一下自己，怎么能一个人走南闯北，无所畏惧，那么能干。

有时也会突然想起那几个分散在世界各地的闺蜜们。怀念某个夏日午后，应该和某某在南锣鼓巷或者是798散步发呆，又或者是某个周末的夜晚，应该是和谁谁在一起去听某个乐队的Live，而不是在当下，和保姆商量着下一餐要给牵牛做点啥。

只是那时却不太晓得体会一个人的好，虽然偶尔也会自得其乐地得瑟一会，脑子里那根赶紧恋爱结婚的弦却像孙悟空的紧箍咒被众人绷紧，从未消停。想自己一直以来也就是如此，像个勤奋的投标杆运动员，按照师长指定的目标进行投射，以期在正中达标范围内，达完标又奔跑到下一个节点，小升初、初升高、高考、找工作、买房、找对象、结婚……

每次完成人生一个重要的节点，就像插一面杆旗，偶尔一回首，那些个纪念日就如同迎风飘扬的红旗，错落有致地插满生命操场。这样荡气回肠的场面应该值得骄傲罢？还是应该感叹自己为何从未想过放下手中那根标杆？

但路已然是这么走了，用很TVB剧的话说是："已经回不了头了。"生命无Take two，真也完全没有必要去后悔自己的选择，况且自己现在过得也挺好，从一团流畅着你血液的肉肉上，领悟着人生的真谛。

在这个纪念日纷呈的日子，只愿现在还在得瑟的人继续得瑟，找不到得瑟感的人想办法得瑟，不要艳羡别人的生活，也没必要指点别人的选择，更别忘了对现有生活的快乐品味，今朝有酒，今朝就是专属你的可爱纪念日。

写于牵牛百日纪念

牵牛的一天

6：45～7：00　睁开惺忪的双眼，叽叽咕咕说着牛语并伸伸懒腰示意妈妈他小人家醒了；

7：00～8：15　妈妈抱着去厕所，照照镜子打几个哈欠，对着大人的洗手盆拉臭臭、洗屁股、洗脸、洗手；

8：15～9：00　吃鱼肝油，换上尿布，或躺着听音乐，或给外公外婆带到阳台晒太阳；

9：15～10：00　玩玩睡睡（备注：玩——俯卧，翻身，爬，晒太阳，看闪卡，听音乐，去阳台看花看草看小鸟，听古诗词等；睡——时间不会超过1小时，醒来会有尿尿，醒着的话，半小时一泡尿尿）；

10：00～11：00　吃奶；

11：00～12：00　玩玩睡睡（备注同上）；

12：00～13：00　上厕所拉臭臭；

14：00～15：00　吃奶；

15：00～16：00　玩玩睡睡（备注同上）；

16：00～17：00　洗澡，洗澡完后吃钙水；

17：00～19：00　吃吃玩玩（小牵牛进入大睡前会频繁吃一阵奶）；

19：30～20：30　正式入睡；

01：30～03：00　吃一顿迷糊半夜奶；

05：30～06：00　躺着吃一顿迷糊早餐奶。

吃完半夜奶后有时睡得不太安分，会扭头，打横睡，发出基本可以忽略不计的哼唧声，只是我自从有了孩子后睡眠很轻，经常被牵牛小人家的梦呓惊醒，只见他扭扭头继续呼呼大睡，我却是要费好一番工夫才能睡着，并时刻谨防他的头给睡歪了。

总体来说，牵牛小盆友的作息时间还是比较正常且符合我要求的，至少在我手里，他改掉了晚睡晚起的坏习惯并且长势喜人。转眼牵牛已快4个月，他过百天的时候，就想给他写点什么纪念一下，却一直忙忙叨叨抽不出空隙，生怕错过一丝孩子的变化和成长。沈先生说我是从极“右”走向了极“左”，从月子里诸事不决到如今把牵牛交给谁带都不放心，还被家里人奉劝要是不懂对娃放手回去上班怎么办。曾给自己立下“胆大细心 顺其自然”的教育理念，如今前半句做得到位，后半句却达不到，还得时刻绷紧弦提醒自己不要成为那种送娃上学还要对老师挑三拣四的事儿妈。

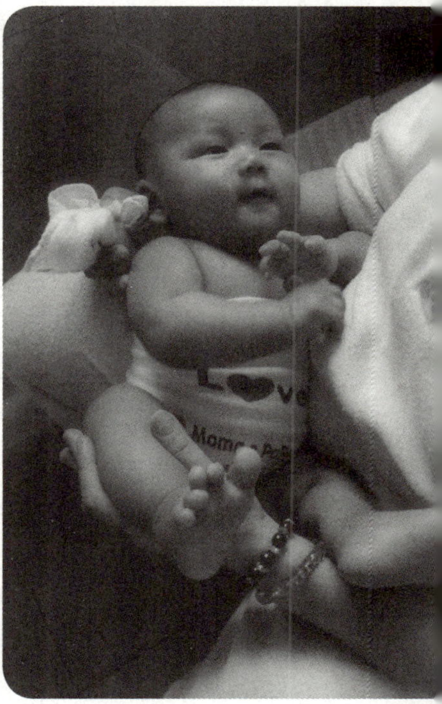

果然感情都是睡出来的，抱着和自己同睡了那么久的娃照着娘家的镜子，觉得人生好似梦幻，从未想过自己会被一个小娃改造成这样，镜中明明还是一副中学生的模样，实际上已经成为一个管理小生命吃喝拉撒的标准师奶。龙应台说有了孩子，女人便成了超人，生娃前的辣妈梦想堕入现实，化为一个传说，只有在夜深人静的时候撩拨那颗被娃抚得很平很静的心。

然则体味所谓甘心，大抵如此。

我的研究“生”笔记——产后

一、坐月子

关于中国妇女坐月子的讲究，真的是博大精深，不少医学家和营养学家还特意为此专门著书立说。不管信与不信，我想每个中国准妈妈还是十分关心产后“坐月子”的传统：

1.产后两周，除了吃饭和上洗手间以外，其余时间最好卧床。若常坐或起身走动，可能引起子宫下垂。

2.产后要紧绑腹带，防止内脏下垂。内脏下垂容易导致妇女病，以及小腹突出，体形难看。绑腹带还可改善产前小腹明显的状况。

3.产后第三周起可以淋浴（顺产者）。

4.洗脸刷牙须用烧开过的水放至温热再使用。

5.产后一个月内最好不要洗头，头皮不能着凉。

6.尽量不抱小孩。否则可能容易引起内脏下垂。喂奶时可侧躺着喂。

7.不要亲自为小孩洗澡，否则可导致腰酸背痛及手脚酸麻。

8.要有安静、舒适的环境。阳光太强时要拉上窗帘，保护眼睛。不能吹风，因为产后全身毛孔都张开了，吹风易引起头风及关节酸痛等。

9.不要流泪，否则眼睛将提早老化，可能演变为青光眼或白内障。少看书报和电视，一定要让眼睛充分休息。

10.要穿有后帮的鞋，不能穿完全平底的拖鞋，否则落下脚后跟疼的毛病。

（摘自台湾庄淑旗博士的坐月子理论）

牵牛妈现身说法

关于各种坐月子的秘籍和经验，我在产前看了不少。比如什么42天不能刷牙洗头、月子里不能出门、只喝米酒不喝水、日式束腹带、生化汤的都了然如心。而实际操作时，却发现我的月子是直接围绕着乳腺炎运转的，想做到上述种种条款也余力不足。门也出了，泪也流了，甚至药也吃了。唯一有一点我还是很注意的，就是不让自己着凉：

1.晚上睡觉被子一定要盖到脖子处，肩膀之上，否则容易受凉，以后肩周炎啥的。

2.全天都穿袜子，包括晚上。据婆婆说，脚部穴位众多，一定要爱护好。

3.坚决不吃冷的、凉的食物，包括水果。月子里，苹果我都是煮着吃的。

4.洗澡、洗头，一般都快速解决，而且吹干了才走出卫生间。

5.一直要穿棉拖鞋，能包起脚跟的那种。

至于饮食，完全是婆婆安排的。由于一直全力和乳腺炎做斗争，所以我也就有什么吃什么。基本是家常小菜，比较清淡，几乎不放盐。此外，我红豆水也喝得比较多。对于我坐月子的实际成效，我给不了各位准妈妈定论，就我个人情况而言，到目前为止我还是能跑能跳，没有任何腰酸背痛，也没有传说中可怕月子病的不适发生，体形恢复得也还算不错。

二、新生儿体表特征

皮肤特点：身体表面可能有没有擦干净的白色胎脂。胎脂具有保温作用，但如在身体上残留时间超过6小时，可能会造成皮肤糜烂。因此，如发现有胎脂，应用温水或湿毛巾擦干净。

新生儿红斑：一般在出生后2～3天内可能出现，不要着急，这可能是打卡介苗、乙肝疫苗的反应，不用看医生。

水肿：新生儿眼睑可能会肿胀，这与新生儿水代谢不稳定有关，会逐渐消失，不用担心。

黄白色粟粒疹：通常在婴儿的鼻子尖上有黄白色的粟粒疹，这是因胎盘供应的多种激素中段而造成的，是正常的反应，不要慌张。

胎记：大都随着年龄的增长而消失。

头部：新生儿头与身体的比例大约是1∶5，有前囟、后囟，由于产道挤压可能会有颅骨重叠。前囟一般有1.5～2厘米的口，多在1岁左右闭合。如补钙过多，会导致过早闭合、影响宝宝的大脑发育；如在2岁还未闭合，说明宝宝缺钙——宝宝怎么补钙应听儿科大夫的。

眼：经常睁一只眼闭一只眼，与眼运动功能发育尚不完善有关。

板牙：如有，应找口腔科医生拔掉，以免影响孩子吃奶及将来的乳牙发育。

上皮珠：硬腭中线上可能会有大小不等的黄色结珠，不是病理性的，没有关系。

脂肪垫：新生儿两侧颊各有一个脂肪垫，有利于积存乳汁，减少呛奶的概率。

颈部：短、软，易潮湿糜烂，应经常洗干净、擦干。

胸部：多呈圆锥形，剑突有时上翘，会随着年龄增长而发育好。

腹部：膨隆，脐带结扎后3～7天后会脱落，与脐带的粗细、胶质含量有关。要每天消毒，如超过15天不掉，应就诊。

生殖器：男婴阴囊常有轻度水肿，数天后会消失。睾丸应该已经下降到阴囊中，万一没有下降，可以向上摸，睾丸很可能在腹股沟附近正处在下降过程中。如1岁后还未降至阴囊，则应人工干预。女婴在5～7天内可能有白色分泌物或假性月经，这是因为母体激素供应中断造成的，没有关系，擦拭干净即可。

四肢新生儿身体长、四肢相对短，足底纹路超过2/3，遍及整个足底，指甲应达到或超过指尖。

三、新生儿生理特点

呼吸频率快：20～40次/分钟。在出生过程中，胎儿肺部1/3的液体经产道挤出，其余经肺淋巴管及毛细血管吸收，这也是剖腹产婴儿容易得湿肺的原因。呼吸运动比较表浅、鼻腔较小、易发生上呼吸道阻塞，呼吸相对不规律。

心率较快：多在120～140次/分钟，身体末梢易见青紫。

消化系统：贲门发育不好，易溢乳；有吞咽动作，但食道无蠕动，故不能食用液体以外的食物；消化蛋白的能力很好；胃容量小，肠容量大，肠蠕动快。一般溢乳不应超过4个月，否则有可能消化道畸形。

生理性体重下降：下降范围一般在6%～9%，如超过10%，应看医生。出生4天后体重开始回升，7～10天后恢复到出生时的水平，此后开始上升，满月时通常能长2～3斤。

生理性黄疸：正常的生理现象，一般在出生后2～3天出现，4～5天达到高峰，7天左右开始消退，15天左右消失。如为母乳性黄疸，则暂停母乳喂养。黄疸严重时，可用光照退黄。

体温调节：易散热，易受外界温度的影响而波动。不要把孩子整个捆起来，可在其脖子上试体温。

免疫系统：可从母体获得多种抗体，新生儿在6个月内很少生病；如母乳喂养，可持续从母乳中获得抗体。

脐部未愈合：应防止宝宝未愈合的脐带感染，洗澡时可与其他部位一样洗，但应擦干，用75%的酒精消毒。消毒时，要注意脐带的底部消毒，清洁其中的分泌物。等脐带脱落后再消毒3～4天就可以了，消毒时间不要太久，以免以后肚脐太大。

皮肤护理：宝宝皮肤非常娇嫩，易破损。新爸妈们要勤换尿布，宝宝大便后一定要换，因为婴儿大便呈酸性，容易导致“红屁股”，还应用清水洗净或湿纸巾擦干净。如过宝宝出现严重的“红屁股”，可用灯烤帮助愈合，具体做法是：让宝宝平躺在床上，光屁屁，一个人用手抓小脚，另一个人用40瓦的灯泡在距离1尺处照射15分钟。注意，灯不要离得太近，不要贴着床。

观察婴儿的啼哭：是否想吃奶、有无异物。

按照医院的指示，为宝宝进行免疫接种及足跟血采集。

室温应保持在22～24℃；给婴儿洗澡时水温应在38～40℃，室温26～28℃；注意居室通风。

新妈妈产后可以淋浴，但洗头与洗澡最好分开，清洗时间不要过长。要讲究个人卫生，注意营养，多吃蔬菜水果，满月后可在医生指导下对婴儿进行补钙。

新妈妈产后还应注意锻炼，注意避孕。产后恶露应少于月经量，如量过多或有异、发烧，应就诊。

四、母乳喂养

母乳喂养的好处

很多书上都有相关的介绍，如前面所提到的小巫的《让孩子做主》。母乳喂养最主要的优点是增强宝宝的抵抗力，有利于子宫收缩且经济安全。

虽然现在的奶粉品牌很多，宣传力度很大，服务也很到位。但各位准妈妈一定要牢记，没有任何一种奶粉的养分能够媲美母乳的养分，以及与之自然携来的亲子感情。

母乳喂养的姿势

首先，妈妈要调整一个坐着或者躺着比较舒适的姿势（婴儿前3个月不能自主翻身前，一般不建议家长躺着喂奶，会有乳母压着孩子，引起婴儿窒息的危险）。

其次，保持这个姿势15～20分钟，宝宝和妈妈进行“三贴”，即宝宝下颌贴着妈妈的乳房，两人胸贴胸、腹贴腹。

然后，妈妈一只手抱着宝宝，要扶稳宝宝的头，另一只手放在乳房边上，视乳房大小采用剪刀式或托住。为了舒适，妈妈可以用其中一脚借力于一个小凳子，或者将宝宝置于哺乳枕（有很多侧睡枕也可当做哺乳枕）上，缩短你和宝宝的距离及你弯腰的幅度，便于哺乳。

最后，喂奶时要让宝宝尽可能地将乳晕和乳头都含住，这样可以防止因婴儿吸吮时引起乳头皲裂。

防止乳头皲裂：一是要用正确的姿势哺乳；二是如果出现轻微皲裂，可以喂完奶后留一滴乳汁涂在乳头上。注意：不要用酒精或者湿纸巾之类的清洁乳头，用清水就可以了，否则将加重皲裂；如果皲裂严重，可以暂停这一侧的哺乳；对经久不愈的皲裂口，可用少许25%硝酸银轻涂患处，再用生理盐水洗净，可促使裂口愈合。

如何判断宝宝有没有吃饱

按需哺乳，只要宝宝有要求就喂。无须规定次数和每次间隔时间，以婴儿的需要来决定，婴儿什么时候需要吃奶就什么时间喂，按需哺乳。

按需哺乳的好处在于能促进乳汁分泌，增强母婴感情。产后头几小时和最初几天为促进乳汁分泌，需要经常吸吮。

在开初喂奶时，以少食多餐为原则。每次喂奶时间以20分钟左右为宜。两乳均要哺喂，上一次后喂的乳房，下次应先喂，这样有利于乳房排空，也避免宝宝长期偏重吃一侧乳房造成妈妈大小奶的囧境。

在最初几个星期里，基本上要平均每2小时就要喂一次奶，或者在24小时内喂8～12次奶。1个月内的新生儿，一般不建议超过4小时连续不喂奶，这容易引起新生儿贫血。

一般3个月之后，在按需喂养的基础上，母亲的乳汁分泌量将根据孩子的需要达成一定的平衡，也就是俗称的"供需平衡"，即之前奶少的妈妈将无须配方奶的"资助"，奶多的妈妈也将缩减至适合宝宝的食量，母婴之间将建立起令双方满意的喂养关系：喂哺的时间相对固定（白天3～4小时一次，夜间4～5小时），每次喂哺的时间也相对固定（10～20分钟），夜间孩子也会慢慢接受频繁吃奶之外的安抚方式，如唱歌哄睡和抱拍等。

不过，由于宝宝的成长有一定波动，有时长得慢，有时会进入疯长期。宝宝可能因每个成长时期对营养需求的不同，而打破之前好容易和妈妈建立起的相对固定的喂哺习惯，这都是很正常的现象。因为这条规律是每一对母子特有的，不宜套用在所有母子喂哺关系上。

此外喂母乳的宝宝一天小便应不少于6次，大便不少于3次。

如何提高奶量

乳汁是根据婴儿的需要而分泌的，而这个需要就表现在婴儿吸吮的频率上。新生儿频繁吸吮，是在刺激妈妈乳汁的分泌量，以满足自己快速生长的需要。所以任何一种下奶汤水或者中药都比不上频繁给宝宝喂奶更能刺激乳汁的分泌了。

如果可以，应让宝宝在出生后半小时内与妈妈接触，如让宝宝光着身子趴在妈妈胸口，这样既可以安抚刚出生的宝宝，也可以促进母乳分泌。宝宝出生后2小时内应吸吮母乳，这样有利于分泌乳汁，帮助妈妈的子宫恢复。

此外，新妈妈们千万不要有屯奶的思想，以为奶能越屯越多，这样宝宝就可以一次吃个饱了。事实上，奶是越吃越多的，如果一次喂不饱，更要缩短每次喂哺间隔的时间。虽然这样做，新妈妈们会感到很辛苦，甚至觉得孩子有时就像长在自己身上一样从早到晚都趴在胸前找吃的。但你很快就会发现，只要能坚持频繁排空乳房几天，奶量会迅速激增，努力达到宝宝的需求标准。

如果奶水清淡或不足，据根据台湾庄淑旗博士的坐月子理论，可于产后第一时间施行“按电铃”（刺激乳头）法：

1.产后休息恢复后（剖腹产等麻药退干净后）即开始每4小时按一次电铃（刺激乳头），直至奶水冲出来为止。

2.刺激乳头的方法有三种：（1）让刚出生的婴儿吸吮；（2）使用吸奶器；（3）请新手爸爸协助以便控制吸力。

3.注意：每次每边乳房不要超过15分钟，但要固定每4小时刺激一次乳头，不要间断，直至奶水源源不绝冲出来为止。

何时加辅食

何时给宝宝加辅食，主要是看宝宝是否有可以吃辅食的信号。比如，舌头把食物往外推的反射是否消失，能否独立坐稳，肠胃能否适应等。如果宝宝已经满6个月，喂他辅食他不吃的话，可以换其他辅食种类给他吃吃看，如果还不吃，可推后一两个星期再试。

很多健康组织推荐的更为科学的理念为：宝宝的前6个月都应全母乳喂养（不要加任何其他食物，包括果汁）。如果是混合喂养的宝宝，则可提前至4～5个月时。

添加辅食的原则：从少到多，由稀到稠，从细到粗。

在开始增加辅食期间，每周只添加一种新的食物，并最好在早晨添加，这便于父母观察过敏反应。大多数医生会建议从单一的谷物开始，如非常细软的米粉，然后是打成汁的新鲜水果汁和菜汁。

另外，宝宝第一年当中的主要营养来源应是母乳或牛奶，辅食只是对母乳的补充，而不是替代，更不能随意给宝宝的食物内增加油盐。

给宝宝换奶粉的注意事项

很多无法继续进行母乳喂养的妈妈非常注意给宝宝挑选奶粉品牌，却忽略给宝宝换新阶段奶粉或者是其他品牌奶粉时，宝宝的适应情况。一般换奶的步骤如下：

第一步：2/3旧奶粉+1/3新奶粉，一起兑入温度合适的水中。

第一次换奶，这个步骤要持续1周左右，半岁以后，这一步骤可以逐渐缩短为1至2天。关键要看宝宝适应的情况，如宝宝的大便是否正常，宝宝吃奶之后有没有啼哭、腹痛、湿疹，等等。如果反应强烈，则减少新奶粉的比例，继续观察，如果持续1周反应不良，则暂时不要更换奶粉。只有等宝宝完全适应后，才能继续第二步。

第二步：1/2旧奶粉+1/2新奶粉。

注意：不同品牌的奶粉有可能小勺大小不同。如果这种情况，就要把两种奶粉分别配好，然后均匀混合。继续观察宝宝的反应。

第三步：1/3旧奶粉+2/3 新奶粉。

按照上述步骤，才能逐渐过渡到完全是新的奶粉。一般同一品牌不同段数的奶粉，宝宝换奶的问题都不大。但不同系列、不同品牌的奶粉，宝宝则需要较长的时间来适应，妈妈要给予耐心，也尽量不要给宝宝随便换奶。过渡时间长短则要看宝宝的适应和接受的情况，短则几天，长则几周。如果期间遇到宝宝过敏或严重腹泻等不良症状，要尽快向医生咨询。

五、如何从国外网站直购孕婴产品

相信很多姐妹都需要从国外网站直购的攻略。倒不是迷信国外品牌，只是不得不承认目前国内食品，尤其是婴幼儿奶粉存在安全隐患。而网站上代购产品的假货太多，难以辨别。如果不介意国际运费，从产品原产地国的网站上直购孕婴产品倒不失为一种选择。以下是从国外网站直购产品的一般流程：

第一步，注册购物网站和转运网站的用户名。

除了要在网购的网站上注册，也需要注册转运网站的用户名，因为大部分在美国网站网购的产品都不能直接运到中国。转运网站会向你提供美国国内地址，并负责将你的货品运到你国内的地址。如口碑不错的http：//www.gels2000.com/，而且用的人也比较多。我是在注册后存进了1000元，成为了白金会员，网站给了我7个地址，包括三个免税州。每次货到达转运站后，只要账户里保证有1000元就能自动扣运费并把货发到目的地，还可以几批货合并发出，一般首磅9美元，之后每增加1磅加3美元，够4磅，首磅6美元。

第二步，选购商品，根据喜好可以随意选择，一般除了电子产品之外，其他产品的邮寄价格都差不多。

第三步，结账，购物篮下面有一个Check out的地方，这里就是结账的地方。如果有Paypal，最好用Paypal check out。

第四步，填写个人信息，以及转运公司收货地址。转运公司的地址，可以从注册的转运网站上获得。

第五步，接下来就可以等待运送了。一般货物会在到达转运公司后的5~7天内到达国内，抵达你居住的城市则要看国内物流的速度。

牵牛妈提醒：很多国外大型网购网站一般都有返利和打折的活动，不过加上国际运费后，总花费并不低，价钱上绝对没有优势，但是质量还是有保证的。我曾在美国母婴产品网购网站www.drugstore.com买过1000多块钱的奶粉（共计6桶），光运费就花掉了400多元人民币，结果牵牛两个月就吃完了。

六、关于产后抑郁

很多新妈妈在产后几天后就会出现头痛、失眠、倦怠感、心悸、眩晕、发汗等种种不适症状，有的妈妈可能因为一点点小事而变得烦躁不安、闷闷不乐。这些表现并不说明产妇得了产后抑郁症，产后情绪不佳主要由以下几个方面引起。

生理方面：怀孕后期体内雌激素、黄体酮显著增高，皮质类固醇、甲状腺素也有不同程度的增加。分娩后这些激素突然迅速撤退，黄体酮和雌激素水平下降，导致脑内和内分泌组织的儿茶酚胺减少，从而影响高级脑活动。

社会因素：家庭经济状况、夫妻感情不合、婆媳关系、住房问题、婴儿性别及健康状况等都是重要的诱发因素。

产妇心理因素：对母亲角色不适应。

因此，为了防止产后精神状况继续恶化，顺利克服产后神经衰弱、无端忧郁这个难关，新妈妈的家人一定要好调整家庭内部的人际关系，避免更多的感情纠葛。新妈妈也要保持规律的生活，积极乐观地去看待新的身份转变。

1.新妈妈不要一个人钻牛角尖，把烦恼窝在心里，一定要多和亲密的家人、有经验的前辈和乐观开朗的朋友谈谈。这也是为什么我总建议月子里还是多由女方的家长照顾。以亲身的感受来说，当年轻的妈妈身陷月子里跌宕起伏的情绪当中，是很难抽出心情应对走钢绳一般的婆媳关系的。

家里若没有足够的人手分担，月嫂和月子中心都是不错的选择。

2.新妈妈如果实在无法抵御心中的苦闷，出了月子也可以暂时请他人帮忙照料一下孩子，然后自己看场电影、逛会街、听听音乐，变换一下生活内容，这也有利于情绪的转换，从精神紧张中摆脱出来。

3.当家人发现新妈妈的情绪问题非常糟糕，甚至有想死的念头，一定要引起重视，不要再给予其任何压力，让其立即就诊，请专业的心理医生来介入产后抑郁症的治疗。

七、如何带宝宝坐飞机

宝宝出世后，不少亲友都着急一睹小家伙的真容，所以很多家庭都面临带宝宝出行的选择。虽然带宝宝坐飞机有一定的风险，但对于长途旅行来说，还是选择飞机较为便利。

每个航空公司的规定都不太一样，一般来说，15天以上的宝宝就可以乘坐飞机了，机票价格为全票价的10%。购票、登机所需证件为户口本或出生证明。

我和沈先生在牵牛3个多月的时候带他挪到了广东的“骚窝”（挪骚窝：北方人对满月的婴孩回娘家的称呼）。紧接着6个多月我产假快要结束时，又带他飞回了北京。两趟飞行旅程都还算顺利，牵牛也没有什么不良反应，就是去的时候几乎从头到尾都在睡，回来的时候，却没去时候那么淡定了，从头到尾都在机舱内玩，兴奋得到处乱看。

注意事项：

1.如宝宝有什么疾病，带宝宝出行前一定要事先咨询医生，听取他们的意见。

2.飞机上可以带奶粉，请乘务员帮忙冲泡。

3.飞机上可以携带婴儿车，请于上机前请空姐折叠放置好。

4.起飞和降落时可以给宝宝喂奶喂水或者给予安抚奶嘴，通过宝宝的吸吮来平衡管路的内外空气压力，减轻宝宝的不适。

5.上飞机前，不要给宝宝吃得太饱，以免上机后引起肠胃不适。

6.机舱内空气干燥，应为孩子抹些婴儿油滋润皮肤。

7.准备足够的纸尿裤和衣服。机场厕所一般有给婴儿换尿布的专区，最好上飞机前就换好尿布，因为经济舱里往往没有这类专区，厕所空间又太小不便操作。

8.尽量让航空公司或空姐给你和宝宝安排较为宽敞的座位，宝宝的飞机票是不提供座位的。几小时的旅途中，你必须一直抱着他度过。

9.为宝宝系好安全带。在飞行中，紊流随时都可能会发生。如果不系好安全带，怀中又抱着孩子，当紊流突然来临时，强大的冲力很可能会使你压着孩子，或者把孩子摔在地上。

10.在飞机上就餐时，一定注意不要让热饮和热的食物洒落在婴儿身上，尽量寻求空姐的帮助，以免意外发生。

八、养娃费用

本以为自己信奉“男穷养、女富养”，可以对牵牛一定尽显葛朗台本色，却没想到大半年下来，淘宝买家信用从一颗心直冲向钻，不禁和一位辣妈前辈发出同样的感叹：“养娃，多少金钱罪恶假汝以行”。

我曾认真计算过，在纯母乳+白天尿布+夜晚纸尿裤的养娃规格上，牵牛小盆友每日仅消耗1～2张纸尿裤，一个月下来不超过200元。当然，这里面不包括他的衣物、玩具、床品、洗涤用品等生活必需，也不包括我们照顾他的人工成本。

如果按照混合喂养（每日500ml 奶粉+母乳）+白天尿布+夜晚纸尿裤的养娃规格，牵牛小盆友每日花费近30元，一个月下来近1000元。

如果按照人工喂养（每日1000ml奶粉）+白天尿布+夜晚纸尿裤的养娃规格，牵牛小朋友每日花费超过60元，一个月下来近2000元。

除了娃吃的，屁股上用的也很值钱。一坯屎或两泡尿的平均成本为2.5大元人民币，上有纸尿裤品牌中的兰博基尼，一张高达3.5元，下有遇尿即膨的山寨品牌，一张不低于1.5元。

等等，我还没计入保姆的费用、老人来回照顾的路费、添加辅食后的饭钱、菜钱、水果钱，详细核算“全天纸尿裤+人工喂养+保姆费+产假流失奖金成本+玩具+衣物+辅食+……=？”

所以，各位新妈妈们，还是安心当奶牛，乖乖洗尿布吧。当下，也只有自产自销、自食其力是最安全，也最经济。

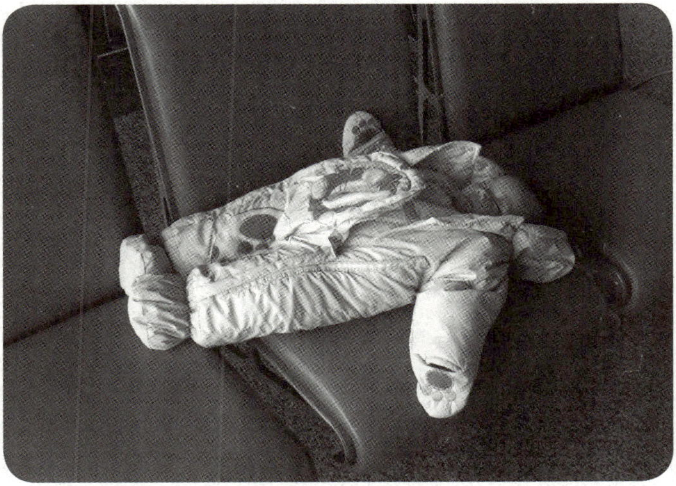

牵牛在首都国际机场候机坐椅上昏睡得旁若无人。

附录

80后婴语四六级考试单词表测试题

（来源：万能的因特网）

以下试卷内容为单选题，每题10分，满分100分。

0～60分 不及格 ——真担心你家的宝宝。

60～80分 勉勉强强 ——宝宝的“婴”语，你都是猜来的吧！

80～90分 还不错哦——你的宝宝还挺幸运，至少你能懂点“婴”语。

100分 太棒啦——你的宝宝太幸福啦，你“婴语”奔“专八”了。

1.宝宝为什么爱吐泡泡？

a.宝宝自我陶醉中，请勿打扰

b.小金鱼都会吐泡泡嘛

c.宝宝的液腺分泌功能增强，但吞咽功能尚不完善

2.小宝宝为什么容易吐奶？

a.宝宝吐着玩的

b.宝宝跟妈妈玩游戏

c.宝宝的胃还没有发育成熟存不住奶

3.小宝宝为什么很容易流口水？

a.宝宝是个馋猫

b.宝宝饿了

c.宝宝吞咽功能不健全，不会咽口水

4.宝宝为什么老是抓耳朵？

a.宝宝有些紧张

b.宝宝耳朵不舒服呢

c.宝宝学孙悟空呢

5.宝宝为什么爱吃手指?

a.宝宝的手上有蜂蜜

b.宝宝牙痒痒

c.宝宝通过吸吮寻求安全感

6.宝宝为什么有时玩着玩着会心烦、哭闹，还揉眼睛、打哈欠?

a.宝宝玩腻味了

b.宝宝要睡觉了

c.宝宝心情不好

7.宝宝为什么有时会突然目光发呆、眉筋凸暴、小脸憋红?

a.宝宝要便便了

b.宝宝生气了

c.宝宝害羞了

8.宝宝的四肢、下巴等处的肌肉为什么有时会不由自主地抖动?

a 宝宝要尿尿

b.宝宝缺钙了

c.宝宝的大脑还没发育好

9.为什么宝宝扔到地上的东西，妈妈给他捡起来他会马上又扔掉?

a.喜欢看妈妈捡东西的样子

b.宝宝在变魔术

c.宝宝对新技能享乐其中

10.宝宝为什么有时吃着奶会用力咬妈妈的乳头？

a.宝宝在生气

b.宝宝在长牙

c.宝宝不知道轻重

正确答案：1.c　2.c　3.c　4.b　5.c　6.b　7.a　8.a　9.c　10.b

以上未特意注明来源的知识点，均来自牵牛妈上孕妇学校时的听课笔记。

有娃一族如是说

辣妈只是一个传说

俗话说，每个成功的男士背后都有悍妻相助，每个成功的奥特曼背后都有一个默默挨打的小怪兽。作为一位被狗咬伤仍坚守新闻第一线的摄影记者之妻、一个乳臭未干小屁孩的娘、一个走在时代风口浪尖的博客名媛之女，人前空有“80后辣妈”头衔、人后却如小怪兽般有口难言。

有人说养儿防老

——古人曾云：“儿大不由娘”。都不用提现实社会中将父母丢弃在垃圾堆旁自生自灭、冷血到发毛的不孝子女们。看看我们自己，从小备受父母恩泽，一把屎一把尿地被拉扯大，结果上了学就跟小盆友耍去了，上了班就跟房子较劲去了，成了家就跟对象睡去了，有了孩子就跟孩子混去了。水都是往下流的，又有多少时间是留给父母的？即便你真有心孝顺父母，夹杂在工作和自己的小家之间，也很难抽出时间去顾暇老人。所以，你说生娃是为了解决掉老年孤独感，找个人照顾自己、陪伴自己，我觉得还是认认真真找个长命的伴、买份养老保险更靠谱些。

有人以为我以养儿为乐

——真不晓得日日把屎把尿，夜夜起身喂奶，经常是好容易伺候娃睡香甜了，发现天已经亮了，又或者刚刚进入梦乡，哥们一个翻身又把你踢醒了，还得捺着性子替他把蹬掉N次的被子盖好——如此反反复复难有私己时间、空间的生活有什么乐趣可言？

有人以为我早生小孩很幸运

——的确，在剩男剩女满山遍野能晚婚晚育都算不错了的现今社会，我这个身高不足160公分，体重不时攀越三位数，最多算可爱谈不上美丽的非海归本科毕业生能过上有夫有儿有房有半年产假还带薪请得起保姆的稳定生活简直幸福得跟花儿一样，还有什么资格心理失衡？而恰恰是这种年轻，才会在同龄人仍过着灯红酒绿，夜夜朝歌的自由生活时，感叹自己再也不是朋友失恋暗恋减肥旅游等话题倾诉的对象，周围聚拢的都是因宝宝相识的长辈，耳边充斥的都是各种育儿话题，想找个人八卦都八得那么寂寞。

有人以为我是母爱使然

——以我从来不养宠物和逗趣别家孩娃的行为为证，我真不是一个母爱天成、弄儿为趣的人。我经常对着牵牛有一种时空错乱之感，觉得这个眉目清秀，四肢灵动的超级大玩具不是在我挺了近10个月的肚子里钻出来的，而是某晚某个外星生物趁我熟睡时安插在我身旁的天外来客。要不然，我怎么老觉得他是来破坏地球的呢？

在这以前，我也从未思考过要怎样当一个母亲。如今自己对孩子更像是很多男人对婚姻的心态，有人相伴固然很好，但也得面对照顾另一个人一生的沉重压力。也就是到了此刻，我才分外了解为什么那么优秀男人还是恐婚，那么能干的女人还是恐娃——男人怕婚姻夺去自由，女人怕孩子夺去自我。毕竟这牵扯到另外一个独立的个体，感情基础再牢靠也好，血缘亲缘关系再亲密也好，也无法随你吃随你穿，随你的思维

去应对这多变的世界。挑老公投人胎的好坏关键在“责任”二字，一旦缔结了婚姻或是母子的信条，就像一份终身合同，你得负起终生的责任。

所以，与其说我对孩子尽心尽力是出于母爱，倒不如说是本着责任感：明明不是顺产的拥护者，却还是坚持了55小时自己把孩子生下来；明明不是纯母乳党成员，却乳腺炎了化脓了引流了一直母乳到现在；明明公婆愿意包办带娃，却孩不离身，喂奶洗澡把屎把尿亲力亲为；明明喜好热闹参与各类社会活动，却为了带娃足不出户“被宅”在家……

“谁叫你是当妈的呢？”一句话当头，便是上刀山下火海也在所不辞啊！

综上所述，生孩子于我没有任何好处，我却从未因此而后悔，纵使没有天生的“圣母”情怀，也没有过上想象中那么Fashion、那么潇洒的辣妈生活。但“当了妈”仍旧是我20余年的不长生涯中干过最牛的事情，“养个娃”仍旧是我做过最有挑战性的工种。就冲着这点虚荣，也足以忘却那生产时的痛、喂奶堆的肉、24小时的终日劳作、无薪无休，何况望着流着自己血脉的那团肉疙瘩日益健康茁壮地成长，这样的成就感就像封口条一样，把我锁在所有怨言的出口。

不要迷信辣妈，辣妈只是一个传说。谨以此文，纪念人生中第一个母亲节，与广大即将奔赴生娃战场的妈妈们共勉！

牵牛妈

2010.5.9

寻求本人带娃时与周老师不发生争吵之解决办法

产假期间在家电脑里留下一份《寻求本人带娃时与周老师不发生争吵之解决办法》，全文如下：

——本人从来不是因为周老师霸占了电脑或者没有带孩子而发火，究其原因在于：

1.周老师的态度从来都是高高在上，不主动倾听与沟通——起码有一个愿意沟通的姿态，不要动不动就说："我跟你没什么好说的！"

2.周老师在做事情时，对本人充耳不闻——起码应该回应一声。

3.在牵牛或本人出现状况的时候，周老师总是一副没什么大不了的样子，好像无所谓——要对着急和手足无措的本人或本人的父亲等给予适当安慰，不要以为全世界都能做到她那样淡定，哪怕摆个样子都好。

4.答应本人的事情总是一拖再拖，而且没有一点要进行的样子，感觉毫不重视。

总的来说，像周老师这样自我、有轻度网络依赖症、热衷社交、不啰嗦、前卫的50后很少，像本人这样自私、笨手笨脚的80后很多，作为异数的周老师应该对多数人给予更多的理解和宽容，少点指望，多点耐心。

50后妈妈对80后妈妈说

牵牛刚满周岁，牵牛妈的新书如期完稿。我坐在电脑桌前浏览女儿的书稿，里屋不时传来牵牛银铃般咯咯的笑声。

该书不同于一般的育儿手册，它不仅注重科学实用性，更是一本带着体温和个人情感体验的书，"是牵牛妈妈现身说法，知行合一的笔记"（我的一位40后网友读后言），也是我家的这位80后小妈妈加速成长的记录。

忽然手机铃响。是牵牛的曾外祖母打来的。

"牵牛好吗？后天是他农历生日呢！满周岁了，我怕你们年轻人没记起这个日子。还是要按农历来。"母亲提醒得及时，我们的确只记牵牛公历生日。我让老外婆放心，按农历生日给她的曾外孙抓周贺岁。

"你们年轻人"，在70岁出头的母亲眼里，我还是"年轻人"，是她的毛丫头。2010年夏天，我到广州接受"广东十杰母亲"颁奖，允许带家属一同上台领奖，便特意让母亲从佛山过来陪我见证，并在一起住了两个晚上。获奖当晚，母亲又提起了我出生时的情景："临盆分娩赶上周末回家，感觉像要上厕所，一阵胀痛就把你生出来了，连接生婆还没来得及赶到家呢。"她聊起刚做母亲的种种窘迫，恍若昨日，感叹"日子过得真快，转眼你也是有孙辈的人了"。

母亲19岁生我，44岁就当上外祖母，到牵牛妈这一代"80后"，不仅计划生育，晚婚晚育，甚至不敢生孩子。女儿算是较早生育的一拨，使得我刚刚步入半百即荣升祖母辈。常言道，女儿是妈妈的贴心小棉袄，有了外孙牵牛，我更是尽享天伦之乐，倍觉亲情温暖，上有慈母怜爱下有儿孙绕膝，是天下最幸福的女人。

女儿能在刚参加工作不久结婚生子，很大程度出于对我这个母亲的孝心。

2007年春，我被查出患乳癌中晚期，被女儿接到北京肿瘤医院治疗。单是术前化疗，就足足持续了10个月。化疗期间，身体上无论遭受多么大的痛苦，我都硬挺着没哼过一声、掉过一滴眼泪。但当第二个化疗方案结束，医生向我宣布治疗仍然无效时，我却再也扛不住了，精神几近崩溃："老天对我不公平，我还没见到女儿结婚生孩子啊"这天是我和孩子她爸结婚25周年的纪念日，夫妻俩抱头痛哭。

此后，孩子她爸不时催促女儿要抓紧物色对象，女儿对"结婚生子"似乎也背负起了一种责任。2008年夏初，我顺利完成手术回到南方，女儿也休假陪我回家，并顺便帮她一个驻外的男同事买黑胶唱片。有意思的是，当爱情萌芽时，女儿还自觉不知，倒是自称"恋爱军师"的孩子她爸很快发现了这段美好姻缘的苗头，频频对女儿进行点拨："这男孩是不是对你有意思？"果然不出她爸所料。很快，这俩投契的文艺青年借助网络开始谈情说爱。

风雨之后是彩虹。2009年我身体奇迹般康复，我们家否极泰来，喜事接连。牛年春节，女儿回家过年，一家三口团聚，当爸的意味深长地说："以后过年就不止我们仨了"。从死神手里挣脱出来的我更是无比珍视这个具有特殊意义的春节，一边忙着单位的春节联欢，一边担任某网络春晚的美食版主，铆足了劲，把亲手泡制的美食搬到网上，配上打油诗，说我们家这一年，"牛"定了。

阳春三月，男孩完成驻外任务回国，并和女儿紧锣密鼓地筹划婚事；5月，双方父母被请到北京参加他们的婚礼；12月，牵牛出生。

这小人家在娘胎就把一家人的心都牵到他身上了：2009年4月的一天，我在上班，突然接到女儿的电话，一阵哭泣，听得我心不由得发紧，当明白女儿是怀孕服用了中药害怕成这样，我才晃过神来，忙不迭声地安慰她"怀孕是好事"。继而，我又问了她吃了些什么药、用药时间和药量，坚定地说："绝对没问题"，并告诫她没什么事千万不能拿掉孩子，人流的危险性更大。中午下班一到家，就接到亲家母的电话，我们交流后，意见统一，坚持要保住这个孩子，至于装修房子、婚礼等一切从简。

只在清明节匆匆一见的准女婿，想不到这么快就转了正，缘分来了真是挡也挡不住。我更想不到的是，这对天南地北的鸳鸯，把筹备婚礼所有细节都考虑到了，完全不用双方大人操一点心。

我经常对我的同辈们说，对于“80后”，无须怀疑与担心，每一代有每一代的传承与担当。陪女儿待孕时，我总是回忆起女儿出生时的情景，以我们那时的条件，就我对孕产的知识筹备，可以说是懵懂无知，根本没法和现在的年轻妈妈们比，她们现在获取知识的途径要比我们多得多也科学得多，待产时的条件也比我们当时好得多。记得我入院临产时，同病房的一位高龄产妇因心脏病难产没抢救过来，便感同身受，神经紧绷，极大地延缓了产程，剧疼与恐惧倍增。直到母亲搭乘一天的长途汽车匆匆赶到医院，我才将慌乱紧张的情绪稍事镇定，最终坚持自然分娩生下女儿。

“宝贝，你从娘胎出来的那一刻，妈妈感觉被掏空，轻盈如羽毛悬浮，仿佛要跟随窗外的雪花飞舞飘走……

“霎时间，你的哭声把我拽住，目光迅速回落在你变形的脑袋奇丑的小脸上。顿时，一股巨大的怜爱又把我裹挟、填满；一种强烈的祈愿立刻长成了一棵大树。

“要为我的小可怜遮风挡雨！

“你不是大家期待的男孩，你是个如此丑陋的女婴，我会用我全部的生命来保护你！谁也不许欺负你！

“就是这样，我在一瞬间完成了一个母亲的角色的转变。”

在博客“母女对话”系列文章中，我添加了“0岁篇”“哺乳篇”，把自己初为人母的深切感受诉诸于文字，将生命延绵之奇妙与神圣，女人为母之本分与天职，苦难与磨砺，凝成爱的信息传递给女儿，希望女儿遇到任何困难都能勇于担当。

女儿没有让我失望。她们“80后”妈妈拥有更为丰富的优生优育资讯，学习并懂得更多先进的孕产知识，女儿经受住了十月怀胎的艰辛，临盆生产的剧痛，坐月子哺乳遭积乳炎症的痛苦，闯过了一道道难关，给了我们一连串的惊喜。她上班，养孩子，啥都不耽误，还抽空写出10万字的书稿，把孕产经验编制成书，其形式和内容知性、理性、感性相得益彰，浑然天成，字字句句饱含对新生命的浓浓爱意，一并奉献给读者。

时间一晃而过，牵牛已经一周岁了。这期间，我遵医嘱每隔三个月来北京复查体检一次。每次来京，我都从南海边买来刚打捞上岸的深海鱼虾，速冻用泡沫箱打包带来给牵牛补充营养；每次见到小外孙，我就盼早日退休、祖孙能时常相伴、能天天看着他的成长和进步，在他的嬉闹中阅读思考，在他叽里咕噜的催促下起身推他上公园。看着他摔倒后左顾右盼赖着不起来；看着他等不到有人来抱，便蠕动着身子蜷曲而立，撅着屁股继续迈步；看着他循声穿过舞蹈健身的人群，在小小的音乐播放器前停留，久久默立，注视前方，冥思作哲人状……仿佛自己又回到了生命的起点，再成长一次，每日如是。

牵牛外婆

2010.12

一朝醒来是父亲

那是一个朔风阵阵的三月，我结束了在俄罗斯的两年多的工作，回到北京。飞机在一片阳光中慢慢下降，我坐在靠过道的座位——这是长久坐飞机出差养成的习惯，如果你有连续飞行9个多小时横穿广袤俄罗斯大地的经历，就会了解这种选择是多么的必要——轻轻闭上眼睛，有关俄罗斯和北京生活的种种图景交织地涌在眼前，像是一个巨大的旋涡，把我从重力之中拉出来，又抛进了另一个无法自拔的远地。那些过往，就像信封里收藏的张张登机牌上的折痕一样，曾经深刻地存在过，但最终还是渐渐归于平淡。飞机着陆时的那一下颠簸，才将当下化作确定无疑的存在。

人们都说近乡情怯，在彼时的机舱里，我确实有那么一点这样的感觉，但更多的可能是“近人情怯”。我知道，在机场出口处的某个角落，站着一个小个子姑娘，她在等着我。经历了爱情的甜蜜、等待、失望等之后，我像一个背着破包的旅人，看过一些风景，来到一棵树下，想要确定这是否就是我要盖座房子终老一生的地方。突然想起村上春树曾在《1973年的弹子球》里写过的一段话：“过去与现在已一目了然，而未来则是‘或许’。然而当我们回头看自己走过的暗路时，所看到的仍似乎只是依稀莫辨的‘或许’。我们所能明确认知的仅仅是现在这一瞬间，而这也只是与我们擦肩而过。”

但我愿意试试，尽管这只是我们的初次见面。

之后的情形就像所有重新开始恋爱的人一样，从一个苦涩的沼泽中爬出来，陷入另一个更深更甜蜜的沼泽。快速地解决了房子问题，像所有“奔三”的男人一样，我开始考虑起了结婚、家庭、稳定等这些在几年前还与我的生活绝缘的关键词，但这其中不会包括“生孩子”。我可以一口气说出许多个不要孩子的理由，比如“刚回国，身体状况不好”“刚刚见面，应该再多了解了解才会考虑结婚，更何况孩子”“即便结婚也想过一段真正的二人世界生活”……却想不出一个要孩子的理由。我对未来还有很多憧憬，总觉得自己的生活还有很多可能性，在还未见识完那些遥远的风景之前，一个孩子的出现，就像一座大山一样，会挡住我所有的“视线”。我望不到山的那一边，低头是山脚，抬头是阴云，山的顶端则若隐若现。那种三个人带来的“确定”比两个人所拥有的“确定”，仿佛更加确定无疑地指向庸常。而这于我，是绝不能接受的。

但有些时候，越想拒绝的事情，却越要义无反顾地扑向你，不给你留半点招架之力。冲动是魔鬼——这是我想对所有处在这个阶段的男女青年说的。在你们还没有从内心深处散发出要为人父母的情怀和光芒之前，在你们还没有想清楚未来将会怎样自己想要怎样时，请乖乖地保持头脑冷静。激情是甜蜜和苦涩糅杂而成的，是躲在喷香米饭里的那一枚锋利的小石子，冷不丁就会硌得你生疼。

我的犹豫和拒绝，在她看来是不可理解的。男人来自火星，女人来自金星，这种差别的力量甚至大过两个星球间迥异的磁场——我们在各自的轨道上坚持着自己的看法和立场，一时间谁都无法说服对方。于是有了好几次“争鸣”——这是我们家的特色词汇，特指介于理性探讨和率性争吵之间的谈话方式。在那些“争鸣”过后关了灯的夜晚，我们不是相拥而眠，而是背对着对方，彼此间礼貌地保持着点距离，就像两块同极磁石，即使靠得再近，也会留下那么点间隙。

其实，我的拒绝来源于恐惧。我害怕再也不能一晚上无所顾忌地连看好几部电影，害怕即便在外拍照也要想着赶在商店下班前把孩子明天要吃的奶粉买回家，害怕孩子的存在会让我俩的关系发展得太快以至于无暇去完成相识相知结合孕育后代的既定过程而变得有些空洞而不够牢靠，害怕另一个无辜的生命来挤压我本就显得局促的自由。

另一方面，这种恐惧还来源于之前的一个小插曲。在确定妻子怀孕前，我们曾为她脸上如雨后春笋般涌现的痘痘去北京某著名老中医那就诊，讨得几包中药回家熬好，她喝完却是吐得七荤八素。这些我们尚无法知悉其究竟是否有害的中药，就成了我担忧和拒绝的另一个理由——我不想自己的第一个孩子因为药物出现缺陷。瑕不掩瑜，但它终究还是有瑕疵的。

就在这进退维谷之时，我不经意间翻开了手机里存了许久的一本小说，大江健三郎的《个人的体验》。只看了前面几页，我就觉得这本书仿佛是为我而写——27岁的鸟做了父亲，孩子却不幸得了脑瘤，他在是否要这个孩子的矛盾中扑向了酒精和性；彼时的我也27岁，因着那几包莫名其妙的中药而纠结万分，却又无处可藏无所依靠。但鸟所憧憬的“非洲”和我脑海中对于未来的构想在某种意义上才是最为根本的契合点——对所谓“自由”的渴望以及对一切有可能对这种“自由”造成损害的因素的抵抗。那种强烈的代入感在我之前的阅读经历中大概只有上高中读格非的《边缘》时的体验才能相比。我不忍释卷，一边看着鸟的故事如何发展，一边继续试图说服妻子和家人。

但妻子腹中的那颗受精卵不会因为我的犹豫而停止生长。必须要作决定了……我不断地对自己说，岳父岳母也在电话中不断地强调生孩子的各种好处、堕胎的诸多不好以及我的种种顾虑的不必要。我依然拿不定主意。直到有一天，我想起自己上大学时为何会从有着光明前途的工科转学新闻，那是因为我喜欢体验不同的人生经历，每一种改变对我来说都具有吸引力，而从事新闻工作恰恰能满足我对“新鲜感”的喜好和渴求。不知是该高兴还是悲哀，这种东西在我工作5年之后依然留存于心未被磨灭，而且似乎愈来愈热烈。生下他，恰恰是进入另一种人生状态的通道，那种状态我从未经历过，甚至从未想象过。那应该也是一种全新的、但也可能是更为艰辛的修行方式，结果如何，不得而知。我甚至开始觉得，那种状态对我有那么一点点吸引力了，不管前方到底是荆棘遍地还是一片通途。虽然我们有可能创造一个生命，但我们无权毁灭他，尤其是在我们对他还没有一点了解、他对这个美好又肮脏的世界也没有一点认识的时候——这对他不公平。离开或留下，选择权应该给他。

在我作出这个决定后，似乎全家人都松了口气，也不再提及之前的那些迟疑和犹豫，剩下的只是如何为他的降生做好准备。按照妻子家乡的风俗，怀孕后家里不能“动土”，因此买的二手房的装修计划就无限期搁置了，只尽量少地买了些家具和电器，好处是节省了一大笔费用。后来，我甚至有些后悔，早知道要有这个小家伙，当时不如把上一家的所有家具也一并买了，既节省又环保，因为上一家也有个小盆友，家里用的都是比较环保的原木家具。但“早知当初”终究只是存在于文字之中，现实终究是现实。不过，看着地板、吊顶、瓷砖等，仍会时不时地感觉到似乎是生活在其他人的阴影里，生出总有一天要把它毁掉重来打造一个真正属于自己的家的雄心壮志。到了现在，看着不到1米的小家伙在家里横冲直撞到处肆意妄为，我又不得不庆幸当时没有冲动地要改造一个旧世界。凡此种种，都要感谢他。

此后，陪着妻子度过漫长的孕期，从前三个月的呕吐、睡不好，到中间三个月的胃口大开、心情疏朗，再到后三个月的轻微不适、面对即将降生的家庭新成员的紧张和忐忑，妻子对于小生命的感知是身体性的，他一点点的变化，她都能最直接地体察到。而对于“旁观者”的我来说，则很难体会那种孕育生命并与它一起成长的喜悦、苦痛等诸多感受。有时，竟会有点嫉妒妻子能如此贴近地感受这个小生命。而我所能做的，就是尽可能创造好的条件，让那个小小的“鸟窝”更加安全、舒适和温暖。陪着妻子看电影，逛商场，去我们想去的地方，做我们想做的事。带着他，我们继续谈着恋爱，一次次对未来做着重复而又乐此不疲的憧憬。现在回想，那真是一段美好的日子，简单、快乐而充实。作为摄影师的我，自然要用相机拍下妻子的点滴变化。在那些记录着妻子身体、容貌以及心情变化的照片中，给我印象最深的一张是她捧着大大的饭碗，一边往嘴里扒着饭，一边看着电视，眼中有点点的光。她身上穿着高中时代就开始穿的棉背心，戴着大大的眼镜，一眼望去，仿佛还是个孩子。每当看到这张照片，心底都会涌出一股怜惜：眼前这个略显稚嫩的女孩就要成为一位母亲，这个世界上最幸福但也可能是最艰难、最辛劳的人，她要为孩子带来最美好的东西，也要为孩子抵挡最丑恶的东西，她要承担如此重的责任，也要作出那么大的牺牲——她真的准备好了吗？这样的重压她承受的了吗？我应该做什么才能无愧于她的担当和付出？

在妻子为小宝宝买奶瓶、衣服、纸尿库等，做好物质准备的同时，我在为他做着另一项物质准备——买书。我本来就喜欢读书、买书，打着“给宝宝买”的旗号，更得以正大光明顺理成章地迅速为家里添置了很多自己喜欢的书，一时间书架们似乎都有点难以招架。我的这种喜好应该是受到姥爷影响。我小时候，他就经常鼓励我多读书，而这个饱经风霜的知识分子在临去世前，留给了我一套线装本的《红楼梦》。看着那几本略有点破旧的书，我仿佛又看到了姥爷，看到了他的生活，也更加懂得了书籍对于他和我的意义。

那是一种传承，一种家族内部有关知识、文化和趣味的传承。我希望自己的藏书能在未来某个时候为孩子打开一扇扇窗，吸引它不倦地探求种种未知。但儿孙自有儿孙的路，也许不知何时电子书籍已经取代了这些沉重又占地方的纸书。也许，孩子对这些压根就不感兴趣，我的一切努力皆枉然。即便如此，我还是要做这件事，尽到一种责任，因为我是一个父亲。

进入12月，家里的每个人都仿佛被一种潜在的紧张所笼罩。12月15日的预产期愈发临近，每个晚上，我和妻子都在猜测，这可能就是我们前往医院的一夜。从5日凌晨见红住院到7日牵牛出生，我和妻子在医院里度过了迄今为止最难熬的50几个小时。等待、困顿、痛苦、很长一段时间，躺在床上的她背对着我面向墙壁，小小的身子略略蜷缩着，仿佛要靠一己之力构造一张坚固的盾，把痛苦独自吞噬在她和墙壁围成的小小空间里，丝毫不伤害到我。直到她被推入产房，站在漏风的过道的我突然有种似曾相识的感觉：仿佛没有复习好功课的学生站在考场外，想进去有点不敢，回头逃开又完全不可能。他是男孩还是女孩？该起个什么名字？这三口之家的未来将会怎样？……一连串尚没有答案的问题涌入脑海，让人紧张的得无所适从，直到岳母打来报喜的电话把我拉回现实中来。

一朝梦醒，我做了父亲。

牵牛爸

2011.2.28

这个本子，记下我和宝贝一起成长的日子。

第5周

宝宝的变化：

妈妈的心情：

TIPS

预产期公式：推算预产期是按整个妊娠期为280天来计算。具体的方法是：预产期月份 = 末次月经第一天的月份 + 9或 − 3，预产期天数 = 末次月经第一天的天数 + 7。

第6周

宝宝的变化：

妈妈的心情：

第7周
宝宝的变化：

妈妈的心情：

第8周

宝宝的变化：

妈妈的心情：

TIPS

少食多餐，适量运动，让心情亮起来，早孕反应就不会那么难受啦!

第9周

宝宝的变化：

妈妈的心情：

孕检小贴士：
先天性愚型筛查

TIPS 唐氏综合症

检查方法： 抽血
检查时间： 整个唐氏综合症的筛查包括三项，孕妈妈可以在孕9周时先做其中一项，等到了孕14周～21周再查另外两项内容，也可以在孕17周将两项筛查一次完成。

第10周

宝宝的变化：

妈妈的心情：

第11周

宝宝的变化：

妈妈的心情：

Love you

第12周

宝宝的变化：

妈妈的心情：

孕检小贴士：
围产保健检查

TIPS 围产保健检查

检查目的：随时了解孕妇的健康状况和胎儿的生长发育状况。
检查内容：量体重、血压、宫高、腹围、听胎心。
价格：5元左右
检查时间：孕3月~孕7月，一月一次；孕8月后，2周一次；孕9月后，一周一次，如果有妊娠疾病，需要随时复查。

第13周

宝宝的变化：

妈妈的心情：

TIPS

从本周开始一直到第20周，都是音乐胎教的好时候哦~莫扎特响起来~

第14周

宝宝的变化：

妈妈的心情：

孕检小贴士：
先天性愚型筛查

第15周
宝宝的变化：

妈妈的心情：

第16周
宝宝的变化：

妈妈的心情：

孕检小贴士：
本周又到了围产保健检查的时间了！

TIPS 超声波检查

检查目的：筛查胎儿、胎数、胎位、胎盘及脐带，羊水的异常，观察胎儿的胎动情况。
价格：黑白60元彩色120元。
检查时间：孕4月、孕8月、临产前各一次。

第17周
宝宝的变化：

妈妈的心情：

第18周

宝宝的变化：

妈妈的心情：

孕检小贴士：羊水诊断，这个不是每个孕妈妈都必须做的。只针对曾经生育过异常胎儿、反复流产，家族里近亲结婚或者遗传疾病如血友病、白血病，高龄产妇。（女性大于35岁）

TIPS 羊水诊断

检查目的：检测异常胎儿
检查方法：在B超的监控下，从孕妇肚中抽取30毫升左右的羊水，排除染色体数目和结构的异常。
价格：500元左右，3个星期拿到结果。
检查时间：孕18周～22周

第19周

宝宝的变化：

妈妈的心情：

第20周

宝宝的变化：

妈妈的心情：

孕检小贴士：
例行围产保健检查

第21周

宝宝的变化：

妈妈的心情：

孕检小贴士：
例行围产保健检查

第22周

宝宝的变化：

妈妈的心情：

第23周

宝宝的变化：

妈妈的心情：

第24周

宝宝的变化：

妈妈的心情：

第25周

宝宝的变化：

妈妈的心情：

孕检小贴士：
例行围产保健检查

第26周

宝宝的变化：

妈妈的心情：

第27周
宝宝的变化：

妈妈的心情：

第28周

宝宝的变化：

妈妈的心情：

TIPS

去附近医院问问看，有专门的孕妇学校可以上课哦，和更多孕妈妈一起交流交流经验吧。

孕检小贴士：

如果发现胎动异常，需要在本周进行胎心监护检查。

检查目的：监查胎儿胎动是否异常，根据胎心状况，做出相应的处理。

价格：仪器监护，半个小时30元。

第29周

宝宝的变化：

妈妈的心情：

孕检小贴士：
例行围产保健检查

TIPS

这个月，每两周就要进行一次围产保健检查了。为了宝宝，我们勤快起来吧！

第30周

宝宝的变化：

妈妈的心情：

love

第31周

宝宝的变化：

妈妈的心情：

孕检小贴士：
例行围产保健检查

第32周

宝宝的变化：

妈妈的心情：

孕检小贴士：
第二次超声波检查

第33周

宝宝的变化：

妈妈的心情：

孕检小贴士：
例行围产保健检查

孕检小贴士：
例行围产保健检查

TIPS

这个月，每周都要进行围产保健检查，千万别忘记了。

第34周

宝宝的变化：

妈妈的心情：

孕检小贴士：

例行围产保健检查

第35周

宝宝的变化：

妈妈的心情：

孕检小贴士：
例行围产保健检查

第36周

宝宝的变化：

妈妈的心情：

孕检小贴士：

例行围产保健检查

第37周

宝宝的变化：

妈妈的心情：

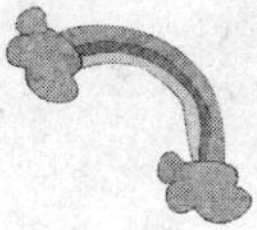

孕检小贴士：
例行围产保健检查

第38周

宝宝的变化：

妈妈的心情：

孕检小贴士：
例行围产保健检查

第39周

宝宝的变化：

妈妈的心情：

第40周

宝宝的变化：

妈妈的心情：

孕检小贴士：

本周除了例行的围产保健检查以外，还要进行最后一次超声波检查。

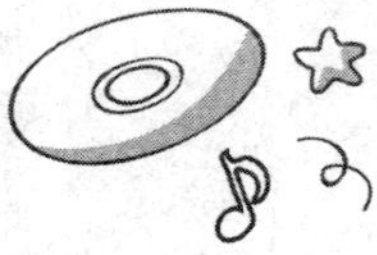

宝贝，我已做好准备迎接你的到来。